KB073544

중국 마케팅, 리셋하라

중국 마케팅, 리셋하라

제일기획 글로벌 마케터가 알려주는 新 중국 시장 핵심 공략법

초판 1쇄 인쇄   2018년 9월 5일
초판 1쇄 발행   2018년 9월 12일

지은이	설명남
펴낸이	황윤정
펴낸곳	이은북
출판등록	2015년 12월 14일 제2015-000363호
주소	서울 마포구 잔다리로 105-5 미건빌딩 3층
전화	02-338-1201
팩스	02-338-1401
이메일	book@eeuncontents.com
홈페이지	www.eeuncontents.com

책임편집	배소라
디자인	이미경
인쇄	스크린그래픽

ⓒ 설명남, 2018
ISBN 979-11-964752-1-5 (03320)

제일기획 글로벌 마케터가 알려주는 新 중국 시장 핵심 공략법

중국 마케팅, 리셋하라

설명남 지음

이은북

*

한때는 중국 시장이 가기만 하면 누구나 많은 것을 얻을 수 있는 엘도
라도로 보였던 적이 있었다. 누구나 갈 수는 있었지만 아무나 성공하
는 건 결코 아니었고 그 성공은 점점 더 힘들어지고 있다. 저자는 제
일기획에서 글로벌 플래닝을 담당하다가 한국 브랜드의 부침이 가장
심했던 최근 5년 동안 중국 시장에서 직접 이 모든 것을 경험했다.

쉽지는 않지만 포기할 수 없는 중국 시장에서 성공하고 싶은 모든
브랜드와 마케터들에게 정말 귀중한 인사이트를 줄 수 있으리라 믿어
의심치 않는다.

유정근 _ 제일기획 대표이사

4

✳

전 세계에서 가장 큰 시장, 그래서 전 세계 브랜드가 경쟁하는 중국 시장. 어떻게 준비하고 어떻게 해야 성공할 수 있을까?

중국 시장은 한국 기업에게 가장 매력적인 시장이지만 올림픽과 같은 경쟁을 해야 하기에 힘든 시장이다. 많은 책들이 이 문제에 대한 답을 내놓고 있지만, 현장에서 한국 대표기업과 함께 실전경험을 가진 전문마케터의 경험과 노하우를 전수받을 수 있는 기회는 별로 없다.

실전에선 '현문현답'이라는 말을 많이 한다. 현장에 문제가 있고 현장에 답이 있다고 믿는다. 당면한 많은 중국 마케팅 숙제들을 나는 저자와 함께 고민하면서 하나하나 풀어왔고 지금도 함께 풀고 있다.

이 책에는 중국 시장에서의 경쟁력을 필요로 하는 기업들과 마케터들에게 필독을 권할 만한 중국 실전마케터의 경험이 가득하기에 감히 추천한다.

남용식 _ 제일기획 중국 총괄 겸 제일 펑타이 대표

*

설명남이 올봄 5년간의 중국 주재원 근무를 마치고 돌아왔을 때 중국에 관해 강의도 하고 책도 내보라고 제안했다. 그 끝에 이 책이 있다. 그러므로 나는 이 책에 적지 않은 책임감을 느낀다. 우선은 저자인 설명남에게, 그리고 이 책을 읽을 독자들에게.

나는 왜 그녀를 부추겼을까? 1차 데이터에 대한 갈증 때문이다. 중국 시장에 대한 자료와 정보가 쏟아지지만 많은 경우 언론에 난 기사를 편집하거나 재인용한 것들이다. 그런 정도로는 중국 시장에 제대로 대처하기 어렵다고 생각했다.

설명남은 5년간 제일기획 중국 법인의 주재원으로 살고 일했다. 더구나 그녀는 가장 날카롭고 섬세한 촉을 가진 광고 회사의 플래너다. 그녀가 중국 소비자를 대상으로 현지에서 마케팅 커뮤니케이션

전략을 세우고 집행하면서 직접 체험하고 깨달은 내용이 이 책에 가
득하다.

　디지털 시대엔 그 누구도 비즈니스를 하면서 한국 시장과 한국 소비
자만을 바라보지 않는다. 중국 시장 진출은 스타트업이든 중소기업이
든 혹은 대기업이든 선택이 아니라 필수라는 얘기다. 중국을 염두에
두고 있거나 혹은 진출한 분들 모두 이 책에서 새로운 시야를 얻기를
기대한다.

최인아 _ 〈최인아책방〉 대표, 전 제일기획 부사장

*

10여 년 전, 나는 지금은 역사 속으로 사라진 야후(Yahoo)의 지사에 다니고 있었다. 그때 우리사주를 가지고 있었는데, 한 주도 팔지 않았던 나는 야후의 주가가 12달러까지 떨어지는 것을 속수무책으로 바라볼 수밖에 없었다. 한참 지난 후, 야후가 지분투자를 했던 알리바바가 2014년 뉴욕증시에 상장했고, 야후 주가는 45달러까지 반등했다. 이런 행운이 없었다. 나는 안도의 한숨과 함께 모든 주식을 처분했다.

2000년 초반 야후가 '알리바바'라는 중국 쇼핑몰에 투자를 했다는 이야기를 들었을 때만 해도, 알리바바는 그저 인기 있는 온라인 쇼핑몰에 불과했다. 그러나 2018년 현재 알리바바는 구글, 아마존과 어깨를 나란히 하는 글로벌 거대 그룹이 되었고, 쇼핑, 물류, 전자결제, 금융 분야까지 그 세력을 확장하고 있다. 대륙의 실수라고 불리는 샤오미는 가성비 좋은 카피 전자제품을 넘어서 독자적인 기술이 들어간 제품들을 선보이며 세계시장에서 삼성전자, 애플과 경쟁하고 있다. 이처럼 지난 10년간 중국의 기업들은 무서운 속도로 발전하여 전 세계 선두 기업들의 자리를 위협하고 있다.

얼마 전 중국에서 마케팅 업무를 하는 분에게 중국의 왕홍이 이끌고 있는 거대한 뷰티 산업에 대해 들을 기회가 있었다. 왕홍이 SNS를 통해서 벌어들이는 돈의 규모가 정말 어마어마했다. 중국 대륙의 14억 인구 규모만 봐도 중국은 매력적인 시장임이 분명하다.

그런데 이렇게 위협적인 속도로 전 세계로 뻗어 나가는 중국에 대해서 우리는 얼마나 알고 있을까? 비행기로 2~3시간이면 닿을 수 있는 곳에 있는 이웃나라 중국에 대해서 막상 아는 게 없다는 사실을 발견했다. 우리와 매우 유사한 외모를 가졌지만 확연히 다른 기질과 문화를 가진 14억 중국인들은 2018년 어떤 삶을 추구하고, 어떤 소비성향을 가지고 있으며, 무엇을 좋아하는지, 그에 대한 궁금증을 이 책을 통해 해소할 수 있었다.

중국을 상대로 비즈니스나 마케팅을 해야 하는 사람들에게 필독을 권한다. 중국과 무관한 직업에 종사하고 있더라도 마케터라면, IT 서비스 기획자라면, 전자제품 제조업에 종사하고 있다면, 이 책을 통해 성공한 중국 기업들을 벤치마킹 할 수 있을 것이다. 이제 이웃나라 중국에 대해 좀 더 관심을 가지고 들여다봐야 할 때가 아닐까.

정선영 _ 네이버 경제M 리더

한국 브랜드,
기획력으로 승부할 때다

중국은 쟁쟁한 글로벌 브랜드와 강건한 로컬 브랜드가 경쟁하는 군웅할거의 마케팅 현장이다. 그러다 보니 어느새 중국은 모든 아시아 마케팅 시장의 테스트 베드가 되었다. 여러 브랜드들이 떠오르고 사라지는 이 현장에서 우리 브랜드도 지금 부침을 겪고 있는 중이다.

그중에서도 삼성 휴대폰은 2014년에 20%의 시장 점유율로 1위를 차지한 후, 조금씩 떨어지다가 2017년에는 마침내 2%라는 숫자를 기록했다. 최근에는 1% 미만으로 떨어져서 심지어 시장 철수를 고민한다는 기사도 접했다.

이제 중국의 로컬 폰들은 기능성 측면에서 삼성 휴대폰에 밀리지 않는데 가격은 훨씬 낮다. 중국 소비자들의 마음 한편에는 제조업에서 자국 브랜드를 밀어주고 싶은 애국심이 잠재되어 있다. 또한 중국 로컬 브랜드들은 R&D 기술개발을 위해서 엄청난 금액을 투자하고 있다. 즉, 앞으로는 기술적인 면에서 과거처럼 중국 제품을 압도하는 신제품이 나올 가능성이 떨어지고 있다는 이야기다.

이 시장에서 한국 브랜드가 예전의 영광을 회복할 기회는 점점 멀어져 가고 있다. 휴대폰 시장뿐만 아니라 자동차 시장 역시 마찬가지다. 그렇다면 이제 한국 브랜드는 중국에서 끝난 것일까.

중국에서 여전히 한국 브랜드가 유효한 이유

이제 현실로 인정할 것은 인정해야 할 때다. 전반적인 디지털 기술 분야에서 이제 중국은 우리와 대등한 수준이다. 심지어 빅 데이터, 인공지능, 드론 등 미래형 기술에서는 중국이 앞서가는 것으로 보인다. 하지만 물건을 파는 조건은 기술만이 전부가 아니다.

제품과 기술력은 중국이 앞서갈지 몰라도 국민들의 전반적인 의식이나 문화와 라이프 스타일이 변화하는 데는 시간이 걸린다. 특히 기술 브랜드가 아닌 소비재 브랜드들은 결국 그 나라 국민들의 눈높이와 함께 진화하고 발전해간다. 좋은 브랜드는 기술만으로 만들어지지 않는다. 물론 중국도 앞으로 계속 소비자 의식이나 문화 수준이 높아질 것이고 브랜드도 진화할 것이다. 하지만 여기서 절망하긴 이르다. 그 사이에 우리의 문화 수준 또한 그만큼 앞서나갈 것이기 때문이다. 이 격차가 중요하다.

게다가 기술의 진화에는 한계가 있다. 하나의 카테고리에서 기술이 비슷해지고 나면 곧 브랜드의 차별화된 느낌이나 감성에 눈을 돌리는 시점이 올 것이다. 그때 중요한 것은 누가, 어떤 감성으로, 어떤 상황에서 우리 브랜드와 함께할지 정확하게 머릿속에 그려내는 기획력이다. 제품 기획 단계에서건 혹은 이미 만들어진 제품의 마케팅 기획 단계이건 그 설계 내용은 마찬가지다. 제대로 된 브랜드 마케팅 기획을 위해서는 사람, 그들의 감성 및 생활 맥락에 대한 현실적이고 입체적인 이해가 필요하다.

일본 브랜드는 이제 기획력으로 판다!

지금까지 중국 관련 마케팅 논의에서는 중국 사람들이 왜 그렇게 생각하는지, 왜 그렇게 생활하는지에 대한 역사적·문화적 '특수성'을 찾으려는 노력들이 많았다. 하지만 제대로 된 마케팅 기획을 위해 정작 필요한 것은 일상생활 속에서 씨줄, 날줄로 엮어진 다양한 양태들의 '보편성'에 대한 이해라고 생각한다. 이러한 이해가 기반이 되어야 비로소 현실적인 기획이 가능하다.

10년 전 일본의 소니가 떠오른다. 당시 한국 브랜드들은 "소니를 따라 잡자, 넘어서자"가 화두였다. 2018년 현재 소니는 기술적으로 뒤쳐져 있고 브랜드 파워도 예전만 못하다. 그렇다면 일본 브랜드들은 글로벌 시장에서 힘을 잃고 역사의 뒤안길로 사라졌을까? 아니다. 그들은 다른 영역에서 두각을 나타내고 있다.

제조업으로서의 경쟁력은 예전에 비해 못할지 모르지만 축적된 생각의 힘과 문화의 힘으로 한국, 중국을 비롯한 글로벌 시장에 다시 명함을 내밀고 있다. 유니클로의 놈코어룩(normcore look), 무인양품의 심플라이프, 츠타야의 콘텐츠 플랫폼. 일본 브랜드들은 이제 기술력이 아닌 기획력으로 팔린다.

나라 간 격차에서 오는 마케팅 어드밴티지와 역(逆)어드밴티지

10여 년 전 처음 글로벌 마케팅 업무를 시작했을 때, 한국 마케터로서 가장 힘들었던 점은 경쟁자인 미국, 영국 마케터들의 축적된 경험과 문화의 간극을 넘어서기 어렵다는 점이었다.

선진국 밀레니얼 소비자에 대해 한국인이 무슨 경험이 있겠나. 내가 기껏 2차 자료나 혹은 몇몇 그룹 좌담회, 몇백 명 조사 결과를 가지고 가설을 세워 연구하는 수준이었다면, 선진국 마케터는 일상의 경험을 가지고 자기 나름의 시각으로 문제를 개념화하고 무엇보다 실제 경험을 바탕으로 기획을 했으니 그 수준을 뛰어넘기가 어려웠다.

그때는 그것이 넘을 수 없는 문화의 장벽으로 보였다. 그런데 이 축적된 문화의 벽이 중국 대상의 마케팅에서는 한국 마케터에게 유리하게 작용하고 있다. 유제품, 유아용품, 스낵, 화장품, 패션 등 소비재 분야에서 한국은 확실히 중국보다 시장이 진화했다. 다양한 성공과 실패의 경험이 있고, 그로 인해 취향별로 세분화된 디테일한 제품들을 가지고 있다. 중국 업체들은 우리에게 이런 사례 및 조언을 듣고 싶어 했다. 이런 건 내 개인의 역량이 아니다. 그냥 한국 시장이라는 거인의 어깨에 올라탄 덕을 보는 셈이다.

아마도 이런 어드밴티지는 비단 중국뿐 아니라, 아시아권의 발전하는 중진국들에서 한국 마케터와 한국 브랜드가 공통적으로 누릴 수 있는 혜택일 것이다. 다만 시장 규모나 수준으로 볼 때 당분간은 중국이 수익을 낼 가능성이 가장 높을 터이니, 이 시장을 공략하는 것이 효과적이겠지만.

중국하면 떠오르는 온라인, 왕훙 마케팅을 넘어서야

중국에 진출하는 한국 메이커가 현지 마케팅 에이전시에게 처음 의뢰하는 내용은 "중국은 매체비가 비싸다고 하니, 적은 돈으로 할 수 있는 가장 효율적인 미디어 아이디어를 주세요"인 경우가 많다. 요즘 중국에서 유행한다는 중국에 특화된 SNS, 왕훙 마케팅은 한국에서도 기사화가 많이 되다 보니, 이런 종류의 아이디어라야 한국 본사에 있는 '윗분들'께 보고하기도 좋다고 털어놓기도 한다. 하지만 마케팅을 제대로 하려면 본질이 탄탄해야 한다. 우리 브랜드의 직관적 존재 이유 말이다. 중국 소비자가 왜 다른 것을 사지 않고 이것을 사야 하는지에 대해 스스로 수긍할 수 있는 존재 이유가 명확해야 한다는 뜻이다. 이에 대한 대답이 분명하지 않고, 그냥 효율적인 미디어 아이디어만을 생각한다면 말 그대로 사상누각이 될 뿐이다.

게다가 외국 브랜드가 아무리 덤벼도 로컬 회사들은 자신들의 관계를 활용해 분명히 더 싸고 좋은 미디어를 찾아낼 것이다. 즉, 미디어 아이디어만으로 승부가 되지 않음은 두말할 필요가 없다. 제대로 된 판매전략이란 먼저 소비자의 욕망을 읽어내고 우리 방식으로 개념화시킨 후 이에 대한 대안으로 우리 것을 파는 것이다. 온라인이나 왕훙은 제대로 된 전략을 통해 찾아낸 타깃에 도달하기 위해 활용할 수단일 뿐이다.

  외국에서 몇 년의 시간을 보내고 공항에 내려서 택시를 타고 서울 시내를 지나다 보면 건물의 크기나 간판의 모양새가 훅 낯설게 느껴진다. 저렇게 작았나, 혹은 저렇게 컸나. 한글이 이런 느낌이었나. 사각형으로 꽉꽉 찬 그 글자들이 매우 딱딱해 보이기도 한다. 하지만 다시 한국에서 며칠, 몇 주, 몇 개월을 지내다 보니 낯선 것들이 어느덧 익숙해지면서 그 낯선 감각이 무뎌져갔다. 그 감각이 더 사라지기 전에, 중국 현장에서 느꼈던 교훈과 깨우침, 생각들을 정리해 보고 싶었다.

  정교화된 이론도 없고, 멋진 장표도 없다. 그냥 현장에서 마주친 질문들과 땀 흘려 고민한 결과물만 있다. 짧은 것 같기도 하고 영원처럼 길게도 느껴진 지난 시간, 중국에서 보낸 순간들을 같이 나누고자 한다.

2018년 9월 설명남

contents

5장 트렌드를 넘어 기획력으로 승부하는 중국 마케팅

1장

5가지 키워드로 읽는
중국 마케팅

해외에 나가서 일을 할 때 반드시 유념해야 하는 것이 '우리 눈높이에서 현지 사람들 보지 않기'다. '촌스럽다, 수준이 낮다' 등의 말들은 며칠 쉬었다 가는 관광객의 감상은 될 수 있겠지만, 현지에서 그들에게 물건을 팔아야 하는 비즈니스에는 큰 의미가 없다.

굳이 먼 과거를 파헤쳐 중국인의 DNA까지 거창하게 살펴볼 필요는 없지만, 적어도 가까운 20~30년 동안 중국에 어떤 일들이 있었는지, 또 가까운 미래에 중국인들이 그리는 삶과 사회는 어떤 모양인지, 그들 삶의 큰 맥락을 이해하기 위한 5가지 키워드를 소개한다.

01
중산층의 로망은 살아 있다:
Middle Class

중국 중산층 성장의 원인은 주식, 부동산, 사업

중국인들의 눈높이는 이미 글로벌 기준으로 높아져 있고, 전 세계 유일의 경쟁상대는 미국이다. 현지 중국 마케터들과 대화하다 보면 중국의 인덱스를 미국과 비교하는 것을 좋아한다. 당연히 브랜드도 미국 브랜드와 비교하는 것을 선호한다. 이들의 머릿속에 중국은 글로벌 2등이 아니라 말 그대로 탑2, G2라는 의식이 보편적이다.

중국 마케터들이 흔히 하는 말이, 중국의 중산층은 2017년 기준 1억 5천 명 정도이고 2025년이 되면 3억 5천만 명이 될 것이며, 이는 미국의 3배라고 이야기한다.* 단일 언어를 쓰고, 단일한 지역에

*
물론 중산층의 기준을 어떻게 두느냐에 따라 다르지만, 가구 소득 1만 3천 5백 달러부터 5만 4천 달러까지를 기준으로 본 모 컨설팅사의 예측이다.

거주하는 3억 5천만 명의 중산층 집단이라니 정말 놀랄 만한 수준
이다. 미국 중산층의 3배, 유럽 4대 국가인 영국, 프랑스, 독일, 이
탈리아 중산층을 합친 숫자의 3배, 한국과 비교하면 10배를 훌쩍
넘는다. 이러니 세계가, 그리고 이웃인 우리 한국이 중국 시장에 주
목하지 않을 수 없다.

중국에서 이렇게 중산층이 성장한 데에는 크게 3가지 요소가 작
용했다. 첫 번째는 주식시장의 활성화다. 중국이 자본주의 시장 경
제를 도입하면서 가장 먼저 시작한 것이 1990년부터 개장한 주식
시장이다. 이때부터 많은 중국인들이 주식투자에 뛰어들었다. 물론
성공한 개미도 있고 실패한 개미도 있지만, 저축이 아니라 다른 방
법으로도 돈을 벌 수 있다는 것을 중국인들에게 처음으로 각인시
켜 주었다. 현재 중국 증시는 말 그대로 미국에 이어 세계 두 번째
로 큰 시장을 형성하고 있다.

흔히 BAT라고 이야기하는 중국 내 가장 유력한 IT 기업 바이
두, 알리바바, 텐센트* 주식에 일찌감치 투자한 사람들은 수십 배
의 투자 이익을 얻었음은 말할 필요도 없다. 이런 회사뿐만 아니
라 자동차, 가전제품 회사 등 지난 10년 사이에 몇 배 이상 성장한
기업이 즐비한 상황이니 그 과실 또한 중국 중산층 형성에 지대한

---

*
바이두(Baidu): 한국의 네이버와 비슷한 검색 포털. 알리바바(Alibaba): 중국의 대표적 전자상거래
업체. 텐센트(Tencent): 한국의 '카카오톡'과 같은 '웨이신'을 운영하는 업체.

영향을 미쳤다.

두 번째는 부동산이다. 중국은 1992년부터 주택의 개인 소유를 허용했고, 이것이 2000년대 지자체 개발 붐과 맞물려 중국 전역에서 엄청난 아파트 투자 붐이 일어났다. 중국에는 다주택자에 대한 특별한 세금 규제도 없는데다, 심지어 은행 융자도 경쟁적으로 이루어졌으니 불붙는데 기름을 부은 격이었다. 당시는 월세 중심의 임대 제도에 급격한 도시화로 시골 사람들이 도시로 몰려오던 시점이었으니 집만 있으면 얼마든 월세 수입을 올릴 수 있는 상황이었다. 조금이라도 자본주의적 센스를 갖고 있는 사람이라면 은행 융자를 얻어 여러 채의 주택을 구입해 월세로 돈을 갚아 나갈 수 있는 구조였다. 게다가 지난 10여 년간 주요 도시의 집값은 가히 폭발적으로 성장했으니 한국과 마찬가지로 '집 투자 = 부자'의 공식이 바로 적용되는 상황이었다. 반면에 집이 없거나 한 채밖에 없는 근로소득자들의 상대적 열패감 역시 한국과 매우 흡사하다.

회사 직원들 중에도 당시 부동산 붐을 타고 몇 채의 집을 가지고 있는 사람들이 있었고, 중국인의 특성상 숨긴다기보다 자랑하는 유형들이 많아서 자신은 월세 수입이 주이고, 월급은 용돈으로 여긴다고 공공연히 이야기하는 사람들도 꽤 보았다.

세 번째는 기업 운영이다. 1997년 산업 구조 개편으로 중국은 주로 국가가 운영하는 기업들로만 운영되던 구조에서 중소 벤처 기업이 사업하기 좋은 나라로 재빨리 바뀌었다. 현재는 중국 기업들 중 74%가 개인이 운영하는 회사라고 한다.

실제로 중국에서 함께 근무하던 많은 사람들이 창업을 위해 회사를 그만뒀고, 심지어는 회사를 다니면서 저녁이나 주말에 짬짬이 자신의 회사를 운영하는 일을 부업으로 삼는 사람들도 꽤 있었다. 물론 발각되면 해고의 사유가 되는 부도덕한 일이었지만, 회사에 대한 충성심이나 근속 연수가 한국과는 비교가 안 되게 낮은 중국인들 입장에서는 부업의 기회가 있을 때 크게 고민하거나 망설이지 않는 듯했다.

그렇게 양다리를 걸치다가 더 큰 기회가 보이면 원래 다니던 회사를 그만두고 자기 회사에 올인하는 경우도 많이 보았다. 어쨌거나 돈이 문제이지 나머지 것들은 그다지 크게 괘념치 않는 분위기다. 나쁘게 보면 이기적이고 기회주의적이라고 볼 수도 있겠지만, 좋게 보면 자본주의적 의사결정이다.

하지만 이런 3가지 부수입에 우선해 가장 기본적인 수입 향상의 원인은 역시 월급 수준이 올라간 것에서 찾을 수 있다. 지난 20여 년간 외국 기업들의 활발한 중국 진출로, 로컬 기업을 포함한 전반적인 기업들의 급여가 오른 것이 소득 향상에 큰 영향을 주었을 것이다. 중국의 초봉은 대개 일률적으로 월 5천 위안(한국 돈 80만 원) 정도로 적지만, 몇년만 버티면 그야말로 고공 행진이 된다.

간단한 일례로, 광고회사 15년 차 플래닝 디렉터의 경우 한국보다 1.5배 정도 연봉이 높다. 취업을 위해 면접을 보러온 사람들의 현재 연봉을 물어보면, 연차나 하는 일에 비해 훨씬 높은 연봉을 받고 있다는 인상을 받았다. 그리고 회사를 옮기면서 심지어 더 높은 연봉 인상을 기대하는 사람들이 많았다. 이는 광고회사뿐 아니라 마케팅 업계에서는 전반적인 현상으로 보였다.

이런저런 이유들로 중국인들은 향후 자신의 경제적 상태에 대해 매우 긍정적인 전망을 갖고 있다. 글로벌 업계 평균과 비교하면 당연히 높고 아시아권에서도 수위를 달리며, 한국과 비교하면 평균 2배 수준이 되기 때문이다. 최근 20여 년간 급속히 좋아진 경제, 생활여건과 더불어 좋은 직장에 들어가 월급을 잘 모았건, 아니면 지혜롭게 투자를 잘 했건, 혹은 부모의 재산이 한 자녀에 은근슬쩍 넘어왔건 간에 지금 중국의 30,40대들은 기회의 시대를 지나온 행운의 세대다. 부모 세대보다는 월등히 나은 생활을 누리고 있고, 대부분 맞벌이 가정이며 자녀수가 많지 않아 가처분 소득도 높다.

세계가 주목하는 이들 중국 중산층에 대해 많은 리포트들이 트렌드 소비, 감성 소비, 브랜드 소비, 문화 소비, 개성 소비 등의 이야기를 한다. 맞는 이야기긴 한데, 뭐랄까 확 와닿지는 않는다. 다른 나라 소비자들은 안 그런가 싶고, 당연한 이야기 같기도 하다. 그렇다면 확 와닿는 입체적 이해를 위해 다른 선진국이나 한국 소비자 대비 중국 소비자의 가장 큰 차이가 뭐냐고 묻는다면 나는 이렇게 대답하겠다. 이들에겐 아직 중산층의 로망이 살아 있다고.

중산층의 로망은 살아 있다

한국도 한때 보편적으로 아름다운 중산층의 로망이 있었다. 사랑하는 사람과 결혼을 하고, 작지만 내 집을 사고, 집에 어울리는 가전제품을 사고, 귀여운 아이가 생기고, 가족 모두를 태우고 야외로 나갈 트렁크 큰 자동차를 마련하고….

인생은 하나의 흐름으로 쭉 나아가는 것 같았고, 누구나 웬만큼 열심히 일하면 집을 사고 차를 사고 주말이면 가족과 함께 야외에서 즐거운 여행을 하며 보내는 생활이 가능할 것으로 보였다. 하지만 지금은 그렇지 않다. 그러다 보니 책, TV 프로그램, 광고 등의 다양한 콘텐츠에서 어려운 취업준비생, 고달픈 가장, 힘든 워킹맘을 응원하는 내용이 주류를 이루고 있다. 어디를 둘러봐도 '너는 너대로 괜찮아'라는 위로의 메시지가 대세다.

반면 중국은 이제 막 중산층에 진입한 30대들의 즐거운 인생 찬가가 아직도 많이 보인다. 이미 현재에 대해 혹은 미래에 대해 약간 삐딱해진 우리의 눈으로 보면, 순진해 보이고 약간 촌스러워 보일 정도다. 하지만 그건 어쩌면 우리의 편견일 것이다. 이들은 여전히 밝고 즐겁게, 긍정적으로 살 만한 충분한 이유가 있기 때문이다.

그래서 이들은 라이프 스타일과 소비 성향에 있어서도 매우 당당하고 열성적이다. 가성비도 따지고, 성능도 따지고, 감성도 따지고, 문화도 따진다. 정말 열정적으로 이것저것 따진다. 그렇게 해서 선택한 한 가지에 오늘 만족하면 그걸로 족하다. 하지만 로열티는 떨어진다. 오늘 선택한 것을 내일 또 선택하라는 보장은 없다. 어차피 괜찮은 제품은 널려 있고, 자고 일어나면 새로운 제품, 새로운 브랜드가 나오는데, 왜 굳이 하나의 브랜드를 고집하겠는가. 새로운 가능성에 대한 에너지가 충만하다.

현재 중국의 중산층을 관통하는 마음의 키워드를 꼽으라면 삐딱하지 않은 열정, 삶에 대한 긍정성, 미래에 대한 낙관성, 위트, 재미에 대한 높은 감도라고 이야기할 수 있겠다.

생활의 격에 대한 관심

2017년 상반기 중국에서 인기가 높았던 단어는 바로 '의식감' 내지는 '의식감 있는 생활'이었다. 이는 '누구나 똑같이 하루에 세 끼 먹고 7시간 잠자고 살지만, 그래도 나만의 생각을 가지고 안목 있는 생활을 누리자'라는 의미를 담고 있다.

좋은 제품과 브랜드는 널려 있는데 그중에서 어떤 것을 선택해서 어떤 생활을 누릴 것인지에 대한 훈련은 덜 되어 있고, 자신의 취향에 대한 자신감도 약간 부족한 것이 현재 중국 중산층의 모습이다. 그러다 보니 외국인이건 자국인이건 앞서가는 사람들의 생활 모습에 대한 관심이 폭발적이다.

그것이 적당한 오락거리와 결합되어 표출되는 것이 한국, 중국 연예인에 대한 관심인 듯하다. 연예인의 일상에 대한 관심은 SNS가 출현한 이후 현재까지 동서양을 막론하고 가장 핫한 이슈 중 하나지만, 특히 중국은 스타의 일거수일투족에 대한 관심이 매우 높다. 현재 왕홍 마케팅이 유달리 잘 먹히는 것도 이런 전반적인 배경이 영향을 미친 것으로 보인다.

비슷한 맥락에서 무라카미 하루키가 에세이에서 말한 한 구절이 당시 중국 인터넷에서 인기를 끌고 있었다.

"생활에는 격식이 필요하다. 우리는 생명이 주는 모든 것을 존중하여야 하며, 생명이 주는 유쾌한 체험을 마음껏 누려야 한다. 빠르고 간결한 생존방식이 아닌, 우리가 중요시하는 격식이야말로 생활을 생활답게 만들고 있다."

그러니까 되는 대로 먹고 있는 대로 살지 말고, 생각하고 따지면서 격식 있는 생활을 하자는 이야기다. 이 순간을 즐기면서 말이다. 그야말로 현재의 삶을 향유하자는 인생 찬가인 셈이다.

광고는 소비자를 위한 시(詩)다. 사람들이 좋아하는 광고는 사실 그들의 마음을 대변하는 생활 속 문학작품이다. 그런 의미에서 백가지 숫자나 분석보다 오늘을 사는 중국 중산층이 좋아하는 가족 문화를 보여주는 광고 카피를 보면 훨씬 더 와닿을 것이다. 중국 광고인들이 최근 2년간 브랜드 광고 중에서 소비자들이 가장 좋아하는 캠페인 중 하나라고 꼽는 유럽 가전 브랜드 보쉬의 광고 카피를

生活真好，懒点也好

不着急　偷个懒
赶时间　偷个懒
分身乏术　偷个懒
脑洞大开　偷个懒
跑累了　偷个懒
写烦了　偷个懒
吃完以后　还要偷个懒
谁说累过　才算热爱生活
偷个懒　让一切更美妙
生活真好　懒点也好

생활은 아름답다,
조금 꾀를 부려도 괜찮다

서두르지마 조금 여유를 가져봐
시간이 급해도 조금 여유를 가져봐
너무 바빠 내 몸이 두 개였으면 할 때도 조금의 여유
머리를 잘 써서 조금의 여유
운동해서 피곤할 때도 조금의 여유
업무에 짜증날 때도 조금의 여유
식사 후에도 역시 여유를 가져야지
땀을 흘려야만 진정 생활을 사랑하는 것이라고 누가 정했나
조금 여유를 누리는 것이 생활을 더 아름답게 만드는데
생활은 아름답다, 조금 여유를 가져도 괜찮다

•
"시간이 급해도 조금 여유를 가져봐"

••
"업무에 짜증날 때도 조금의 여유"
(사진 출처 : QQ.com)

한번 보자.

지금도 그렇지만 앞으로도 예측 가능한 수준으로 안정적이고 행복하게 즉, '정상적으로' 잘 살 수 있을 것이라는 굳은 믿음. 이런 생각을 하고 사는 중국 소비자들이 부럽기도 하지만 이 모습은 40, 50대의 한국인들에게도 낯선 풍경은 아니다. 얼마 전까지만 해도 내 자신이, 우리 주변에서 흔하게 가졌던 로망이었기 때문이다. 그 시기에 사람들이 어떤 감성을 가지고, 어떤 눈으로 일상을 마주하는지 우리는 잘 알고 있다.

우리는 2000년대 뉴 밀레니얼 시대를 맞으면서 한국이 주도할 새로운 디지털 시대에 대한 꿈과 희망으로 가득 찬 그 시절의 마케팅 경험을 공유하고 있다. 그 시절 우리의 마음을 끌었던 많은 브랜드의 사례들이 앞으로 우리가 중국 마케팅을 준비하고 실행해 나갈 때 값진 경험이 되어줄 것이라고 믿는다.

02

차이나 프라이드, 국뽕은 유효하다:
China Pride

잃어버린 100년과 차이나 프라이드를 회복한 몇 가지 장면

중국의 과거는 화려했다. 칭기즈 칸이 아시아를 넘어 유럽까지 세계 패권을 잡았고, 장건*은 동서양 교역의 중심지 실크로드를 개척했으며, 공자 등 많은 현인들은 앞선 사상으로 인류의 사고 수준을 한 단계 높인 나라였다. 시대를 선도하는 앞선 과학기술로 인류의 4대 발명품을 개발하고 한자와 동양권 문화의 원형적 콘텐츠를 만들었다.

하지만 그런 화려한 과거와 너무 극적으로 대비되는 근현대사의 기억은 중국인들에게 지워지지 않는 상처로 남아 있다. 아편전쟁 후 급격히 무너진 100년의 기억과 최근까지도 이어진 '못 살고 더럽고 무질

---

*
장건: 한나라 무제 시대 외교관. 중국과 중앙아시아 여러 지역과의 동서 교통로의 기반을 마련하고, 외교적·문화적·상업적 교류의 물꼬를 텄다.

서하고 수준이 낮은' 국가 이미지에 대한 부끄러움은 일종의 콤플렉스다. 그러다 보니 더욱 최근 세계에서 거둔 성과를 통해 이러한 상처와 콤플렉스를 보상받고자 하는 마음이 매우 강하다. 프라이드의 시작점은 아마도 97년 홍콩 반환이 아닌가 한다. 설마 했던 홍콩인들에게는 절망이었겠지만, 대륙 사람들에게는 서양 제국주의에 패한 아픔의 상징인 홍콩이 마침내 약속대로 반환된 사건이었다. 이를 가능하게 한 것은 자신들의 국력이었다는 자부심이 중국인들의 내면에 자리 잡았다.

다시 한 번 변곡점을 찍은 시점은 2008 베이징올림픽 개최 전후라고 볼 수 있다. 88 서울올림픽을 치른 한국인으로서는 충분히 짐작할 수 있는 감동이다. 세계가 중국을 다시 바라보는 계기가 된 개회식에서부터 시작해, 말 그대로 중국이 세계로, 세계가 중국으로 향했던 시간이었다. 10대에 이러한 체험을 한 90호우*들은 더 이상 조국은 부끄러운 후진 국가가 아니라 세계가 주목하는 강대국이라는 자부심을 자연스럽게 가슴에 새기게 되었다. 여기까지가 군사력·외교력 같은 정치적 의미를 담은 사건들이었다면, 그다음에 이어지는 변곡점은 현실을 움직이는 경제적 사건들이었다.

2010년 상해 엑스포의 열기도 지금 돌이켜보면 대단했던 것 같

---

*
90호우(九零后, 쥬링호우): 90년대 이후 출생한 중국인. 대략 현재 20대인 젊은이들.

다. '경제 올림픽'이라고 칭하면서 중국의 미래 산업 저력을 한꺼번에 쏟아놓은 듯한 현장은 열기로 가득 찼다. 세계의 내로라하는 국가 및 대표 브랜드들의 산업 발전 실상을 한자리에 펼쳐놓고 보는 자리에 개최국인 중국도 당당히 중요한 자리를 차지하고 밀리지 않는 기세를 보였으니 얼마나 자랑스럽고 가슴이 뛰었겠는가.

국가의 이름으로 추앙하는 브랜드

그다음 중국인을 감동시킨 사건은 2014년 알리바바의 미국 증시 상장이었다. 단순히 한 기업이 이룬 쾌거가 아니었다. 기술면에서 뒤쳐지고 카피캣이라고 놀림당하던 중국의 기업 중 대표 IT 기업이 글로벌 시장으로 공식 편입되는 순간이었으니 말이다. 그 이후 지금까지도 중국인들의 마음속에는 두 명의 영웅이 나란히 자리 잡고 있는 것 같다. 한 명은 정치의 시진핑 주석, 한 명은 경제의 마윈이다.

마윈 역시 이러한 국민적 지지를 십분 인지하면서, 2017년에는 전격적으로 2028년까지 올림픽 스폰서 계약을 맺었다. 과거 한국의 대표 기업 삼성전자가 올림픽 스폰서를 하고, 이건희 회장이 IOC 위원으로 국제적 행보를 보이던 활동과 궤를 같이 한다. 중국 국내에서 알리바바는 가짜 제품 판매 등 여러 가지 문제를 드러냈지만, 그럼에도 불구하고 '국가대표'라는 인식 때문에 심적으로는 응원을 하게 되는 분위기도 예전의 삼성과 비슷하다.

그리고 여기 또 하나의 브랜드가 있다. '차이나 프라이드'라고 할 때 중국인들이 가장 먼저 떠올리는 브랜드는 바로 '화웨이'다. 중국의 대표 IT 기업인 알리바바, 바이두, 텐센트는 사실 정정당당하게 실력으로 성장한 브랜드라기보다는 아마존, 구글, 페이스북 등 외국 선진 브랜드의 진입을 막은 상태에서, 많은 중국 인구를 등에 업고 거의 독점 기업으로 성장했다. 게다가 눈에 보이고 손에 잡히는 제품이 아니라서 실물로 와닿는 감동도 약하다.

반면 화웨이는 놀라운 기업이자 브랜드다. 화웨이는 1988년에 창업한 스마트폰, 통신장비 제조 기업으로 2016년 매출액이 5,200억 위안(약 88조 원)에 달한다. 현존하는 중국 민영 기업 중 최대 규모임에도 불구하고 아직도 최근 몇 년간 30%의 고속 성장을 지속하고 있다. 공식 홈페이지에서는 화웨이가 세계 170여 개국에 진출해 있고, 세계 인구의 3분의 1이 자사 제품을 사용하고 있다고 홍보 중이다.

2014년 강력하게 떠올랐던 샤오미의 태풍이 비교적 작은 찻잔 속의 태풍이었다면, 화웨이는 대규모 R&D 투자를 바탕으로 한 앞선 기술로 명실상부하게 글로벌 스마트폰 업계의 새로운 강자로 부상했다. 그리고 무엇보다 일상 속에서 제품을 비교 체험해 볼 수 있으니, 많은 중국인들이 한국의 삼성 폰과 중국의 화웨이 폰을 마치 국가대표 선수처럼 비교해 보는 것도 무리가 아니다. 업계 상황을 잘 아는 중국 젊은이들은 지문 인식 기술의 안전성과 카메라 등에서는 화웨이가 삼성을 이미 예전에 앞섰다고 자랑스럽게 이야기한다. 사실 누가 보더라도 모든 스펙 상 뒤질 게 없다.

중국에서 삼성 스마트폰이 갑자기 몰락하게 된 데에는 화웨이 제품의 영향이 컸다. 중국 스마트폰 시장을 고가, 중가, 저가 시장으로 나누어 보면, 삼성은 고가 시장에서 아이폰과 경쟁을 이어오고 있었는데, 여기에 2016년부터 화웨이가 들어와서 시장을 잠식하기 시작한 것이다. 고가 폰에서 기 싸움에 밀린 삼성은 중가 시장에서도 가성비를 내세운 오포, 비보 같은 로컬 브랜드들에게 자연스럽게 밀려 버렸다. 고가 시장의 상징성과 수익성을 놓쳐버리자 시장을 다 잃어버리게 된 셈이다. 중국 내 한국 브랜드 몰락의 서막을 연 것은 결국 사드도 아니고, 정치도 아닌, 화웨이가 그 원인을 제공했다고 본다.

그런 화웨이가 이제 중국을 넘어 세계로 진출하고 있다. 최근 중국의 오포, 비보, 샤오미가 인도와 동남아시아에서 선전하면서 삼성에서는 이에 대한 대책 마련에 부심하고 있다는데 사실 가장 무서운 상대는 화웨이다. 아이폰을 제외하고 안드로이드폰 중에서는 우리가 아직 최고라는 삼성의 자존심에 곧 정면 도전할 것으로 보인다.

CEO 런정페이 역시 매우 올곧은 기업인으로 한눈팔지 않고 오로지 한 분야에서 무섭게 승부하는 것으로 알려져 있다. 스타성이 강한 마윈과는 또 다른 스타일의 영웅적 면모를 보인다. 현대인의 필수품 스마트폰 영역에서 삼성을 물리칠 만한 탄탄한 제품력에, 세계적으로 인정받는 통신장비 원천 기술에, 게다가 반듯한 기업 문화까지… 중국 국민들이 화웨이를 '차이나 프라이드'와 연결시키는 것은 너무나 당연하다.

이러한 국민적 자부심을 등에 업은 화웨이는 2년 전까지만 해도 삼성을 따라 하면서 막연히 글로벌 고급 이미지의 요소만 부분적으로 전달하곤 했다. 중국인들 사이에서도 "자부심은 자부심이고 좀 촌스럽다"는 볼멘소리를 들었는데, 최근에 그 스타일을 확 바꿨다. 제품 광고도 그렇지만, 무엇보다 기업 광고에서 단순히 자기 얘기가 아니라 국민적 열망을 기업의 미래 비전화해 은근한 공감을 끌어내고 있다.

화웨이의 글로벌 홍보 이미지. 〈나가자, 꿈꿔라, 우리가 가능하게 한다〉는 의미의
'Make it POSSIBLE'이라는 슬로건이 모두 들어가 있다.
(사진 출처: www.pitchina.com.cn)

최근 글로벌 홍보 동영상에 나온 슬로건은 〈나가자, 꿈꿔라. 우리가 가능하게 한다(可能,是放言叫板　更是放胆一搏)〉이다. 말만 보면 이건 거의 올림픽 분위기다. 중국 국가대표 선수가 경기장에서 선전할 때 느끼는 흥분을, 화웨이가 글로벌 시장에서 뻗어 나가는 모습을 보면서 느끼는 것이다.

　　그렇다면 우리 브랜드의 중국 시장 타개책은 없을까? 우선 화웨이 대 삼성은 브랜드 경쟁이어야 한다. 중국 대표 대 한국 대표 휴대폰 구도가 되면 더욱 곤란해진다. 길리 대 현대 역시 브랜드 경쟁이어야 한다. 중국 대표 대 한국 대표 자동차 구도가 되면 어려워진다. 하지만 우리 입장과 현실은 별개일 수밖에 없다. 아예 다른 비교 군으로 생각하는 몇몇 유명한 서구 회사 대비, 한국 기업은 중국 입장에서 해볼 만한 상대로 인식되어 경쟁의식을 자극하기 쉽다.

　　국적이 이슈가 될 경우 해결책은 하나뿐이다. 브랜드의 본질로, 제품의 본질로 향하는 수밖에 없다. 더 나은 제품력으로, 더 낮은 자세로 승부해야 한다. 중국인들에게 "국가의 성장을 도와야 한다. 생산이 안 되면 소비로라도 내가 한몫을 해야 한다"라는 뜨거운 마음은 지금 한창 정점을 찍고 있기 때문이다. 어설픈 자존심과 잘난 척은 오히려 역풍만 일으킬 수 있다.

03
준비된 글로벌 시민, 중국인:
Glocal

낙관적 현실주의자 중국인

중국의 저명한 작가 린위탕(林語堂)은 그의 저서 『생활의 발견』에서 중국인의 주요 특질로 현실성과 유머감을 꼽았다. 두 가지 특질을 조합하면 '낙관적 현실주의자'가 된다.

중국인들 특유의 실용성은 누구나 인정하는 바다. 돈 계산이 빠르고 실리에 민감하며 먼 미래의 이야기보다는 지금 당장 내 손에 떨어지는 것에 관심이 많다. 그러면서 마음속으로는 이 상황을 소심하게 걱정한다기보다는 "크게 보면 잘 될 거야"라는 긍정적인 에너지도 넘친다. 상황에 마냥 진지하게 몰입하기보다는 약간 떨어져서 관조하듯 지켜보는 여유가 있어야 유머도 생길 것이다.

'낙관적 현실주의자'의 반대편에 위치한 개념은 아마 '비관적 이상주의자'일 것이다. 왠지 이 사람은 도덕적이고 훌륭한 인물일 수는 있지만 가까이 두고 보기는 피곤한 사람일 듯하다. 뭔가 꿈은 크고 원대한데 현실의 모습은 만족스럽지 않고 긍정적으로 보이지도 않으니 스스로 얼마나 힘들겠는가.

이렇게 대비해 놓고 보니 '낙관적 현실주의자'의 힘이 확 와닿는다. "뭐야, 생각은 긍정적이고 먼 미래를 바라보되, 실행은 현실적으로 한다고?" 이건 최강의 인간이다. 이런 사람이 옆에서 내 편이 되면 무척 든든한 아군이 되어줄 것이다.

문득 베이징에서 살던 집의 집주인이 생각난다. 키가 좀 작고 살집이 단단하면서 머리는 매우 짧고 눈은 동글동글하고 말이 좀 많은, 전형적인 중국 아저씨였다. 나와 처음 인사를 할 때는 한국인과 처음 대화를 한다면서 중국어가 정말 훌륭하다고, 삼성·현대 등 한국 제품 너무 좋다고 연신 싱글벙글 웃다가, 막상 계약서를 앞에 두고 앉아 집안 가구나 가전제품, 위성방송 등 구체적인 조건들 이야기가 나오니 표정을 싹 바꾼다.

옆에 앉은 부동산 중개인에게는 거의 협박하듯이 까칠하게 으름

장을 놓고, 계산기를 앞에 놓고 숫자 하나하나를 너무 진지하게 따진다. 어쨌거나 어렵사리 합의가 되어 서로 사인을 하고 일어서자 또 언제 그랬냐는 듯이 아주 푸근한 동네 아저씨가 되어 연신 싱글벙글하면서 당시 한국 대통령에 대한 덕담을 늘어놓았다.

가장 좋아하는 중국 작가 위화가 쓴 『형제』의 주인공 역시 그러한 인물이다. 말도 안 되는 모진 풍파 속에서도 항상 밝고 에너지가 넘친다. 그러면서 동시에 야무지고 단단하다. 환경의 변화에 맞춰 스스로를 카멜레온처럼 변화시켜 가면서 말이다.

다중이? 변검에서 알아봤어

변검(变脸)은 변할 변(变), 얼굴 검(脸)자로, 말 그대로 '얼굴을 바꾸다'라는 의미이다. 중국 관련 다큐멘터리나 동영상에서 배경 화면으로도 많이 쓰이는데, 중국 쓰촨 지방 전통극에서 배우가 눈 깜짝할 사이에 얼굴 가면을 바꿔가며 공연하던 것이 원조라고 한다. 실제로 보면 그 속도와 얼굴의 다양성에 정말 깜짝 놀라게 되는데, 원래 우리가 알던 '만만디' 중국의 이미지와는 정반대다. 실제로 봐도 전체 내용은 잘 이해하지 못하고 그냥 그 장면만 기억에 남는다.

시각적인 충격이 그만큼 강하다.

　마지막에는 그 모든 가면을 벗고 배우의 얼굴이 드러난다. 그런데 나이가 지긋하고 동글동글하고 얼굴에 살집 많은 전형적인 중국 배우가 얼굴을 드러내고 씩 웃을 때면, "어! 앞서 그 놀라운 기예를 보여준 사람이 날카롭고 예민한 예술가가 아니라 그냥 길거리에서 마주칠 만한 저런 평범한 사람이었어?" 하고 다소 실망스러운 감정마저 든다.

　문득 중국 사람들은 나쁜 의미에서가 아니라 사실 굉장히 긍정적인 의미에서 다중이가 아닌가 하는 생각이 들었다. 그들은 여러 개의 반대되는 가치들 속에서도 유연하게 균형을 잡는 힘을 갖고 있었다. 나는 넉넉한 자신감 속에서 모든 것을 적절히 포용해내는 그들의 능력을 높이 평가한다.

　일찌감치 서구화의 과정을 겪은 우리나라도 전통적 가치와 외래적 가치 사이에서 갈등을 겪고, 그 중간 어디쯤에서 절충을 하면서 살아간 경험을 갖고 있다. 하지만 우리나라의 경우 아직도 일상의 큰 얼개는 전통적 가치 쪽으로 많이 기울고 있는 편이 아닌가 싶다. 직장 내 상명하복의 권위주의 문화는 여전하고, 가정 내 남녀 간의 성 역할 역시 조금 나아졌을 뿐 여전히 불평등하며, 연인이나 배우자와 자녀를 별개의 독립적 인간으로 보기보다는 어딘가 소속된 소유물로 여길 정도의 지나친 가부장적 의식도 별로 개선된 것 같지 않다.

반면 중국은 서구화와 별개로 원래 태생적·문화적으로 개인주의적 성향이 있었던 것이 아닌가 싶을 만큼 훨씬 더 균형감이 보인다. 중국인들도 물론 가족을 중시하고, 권위주의적 상명하복 문화가 있기는 하지만 그 강도는 우리보다 약하다. 가정 내 남녀 간 역할 구분도 그렇게 불평등하지 않으며, 오히려 일반적인 한족의 경우 음식을 남자가 할 정도로 민주적인 가정문화를 보인다.

"중국 여자들이 워낙 기가 세서 그렇다" 내지는 "공산당 시절부터 국가 정책으로 만들어진 문화다"라는 이야기가 있지만, 옆에서 지켜보면 "이건 이렇게 해야 돼"라는 하나의 규칙을 따른 것 같지는 않다. 그것보다는 유연하게 그때그때 상황에 대처하는 중국인들이 점점 더 일반화되어 가는 맞벌이 시대에 살아남기 위해 현실적인 절충과 타협을 이룬 것이 아닌가 싶다.

중국의 기업문화도 마찬가지다. 말로만 위아래 소통을 강조하는 것이 아니라, 진짜로 할 말은 하고 사는 문화다. 중국의 상당히 큰 지방 제약회사 미팅에서 사장부터 말단 직원까지 아주 진지하게 서로 반박하면서 토론하는 장면을 보고 깜짝 놀랐던 적이 있다. 물론 최종 의사결정은 사장이 하긴 했지만. 그래도 그 의사결정이 사장의 독단이나 미리 정한 방향이 아니라, 현장에서 한 명 한 명의 의견을 듣고 그중 가장 올바른 방향들을 추려서 내린 것임은 모두의 표정으로 짐작할 수 있었다.

민감한 인사 문제 관련해서는 회사 고위직에게 직접 투서하는 경우도 많다고 한다. 발전적으로 보면 이렇게라도 본인의 의견을 전달하고 관철시키려는 의지이며 고집이고, 회사의 잘못된 의사결정을 뒷짐 지고 보고 있지만은 않겠다는 적극성이다.

마음은 이미 경쟁력 있는 글로벌 시민

이제 '글로벌 시민'이라는 말은 단순한 구호가 아니다. 사람들은 인터넷을 통해 실시간으로 세계 뉴스를 접하고, 글로벌 브랜드를 먹고 마시고 입고 바른다. 음악이나 영화 같은 콘텐츠는 이미 속한 지역이 아니라 개인적 취향으로 나뉘는 시대가 되었다. 하지만 글로벌 콘텐츠에 대한 참여의 강도는 국가마다 조금 다른 것 같다.

한국인은 상대적으로 글로벌 사회에서 마이너리티라고 느끼는 감정도 있고, 서양과는 문화적으로 많이 다르다는 것을 큰 틀에서 인정하며 영향을 주려는 마음이나 영향을 받고자 하는 마음 자체도 크지 않은 편이다. 서로 선을 그으면서 그냥 필요한 것을 필요한 정도만 주고받자는 마음이 강하다.

그러나 중국은 다르다. 이들은 활달하고 당당하다. 서양 사람들과 본인들이 많이 다르다거나 그들보다 못하다고 생각하지 않는다. 그러다 보니 좋은 것이 있으면 받아들이고, 자신들이 더 좋은 게 있으면 그들에게 전해줄 수도 있다고 편하게 생각하는 것 같다. 실크로드 개척자의 후예답게 말이다. 새로운 길을 만들었다가 거꾸로 침범을 당하거나 경제적으로 종속되어 상대편에게 좋은 일만 되는 거 아닌가 하는 소심함이 있었다면 그런 길을 만들 생각도 못했을 것이다. 크게 터놓고 "너와 나 맞붙어서 한번 해보자"는 호연지기가 있으니 길이 만들어지고, 연결된 것이다.

중국인들의 마음은 이미 당당한 글로벌 시민이다. 그래서 미국이나 유럽 국가에서 자신들이 이등 국민으로 치부 당한다는 것에 민감하다. "우리가 팔아주는 물건이 얼만데"라는 근거 있는 자부심으로 애플의 CEO인 팀 쿡의 사과 방문까지 끌어내는 이들이다. 애플도 중국의 시장 파워를 충분히 알고 있기에 CEO 방문뿐 아니라,

중국을 위해서라면 흔하지 않은 로컬 특화 광고도 아끼지 않고 만든다. 앞으로 중국의 탄탄한 문화적 콘텐츠들이 서양에 활발하게 전파된다면 언젠가는 서양 문화가 주류, 아시아 문화는 변방이라는 구도 자체가 바뀌지 않을까 기대해본다.

사실 중국이 감정적으로 좋아서 응원하는 것은 아니다. 중국이라는 큰 나라가 움직여서 동양의 글로벌 파워가 강력해지고, 동양적 프레임이 세계의 다른 나라 사람들에게 익숙해지면 한국도 글로벌 시장에서 같이 잘 해볼 여지가 더 많이 생기지 않을까 하는 기대감 때문이다. 또 하나, 우리 브랜드의 소비 시장이라는 관점에서 중국 소비자들은 외국 문화에 대한 호기심이나 수용력이 매우 높고 서양 문화의 동양적 변형에 대해서도 관심이 높다. 따라서 서양적 요소와 동양적 요소가 멋지게 결합된 상품에 대한 호응도 역시 매우 높다.

중국에서 파리바게뜨, 뚜레쥬르나 이랜드가 성공한 것 역시 이러한 취향에 기인한다고 봐야 할 듯하다. 서양적 콘텐츠를 동양적으로 살짝 소화한 것 말이다. 이런 제품을 중국인의 구미에 맞게, 가장 센스 있게 잘 만들어낼 수 있는 사람들은 결국 한국인 아니면 일본인일 것이다.

북경 뚜레주르 매장에서 발견한 반반 커피. 한국에서만 통하나 했더니
중국에서도 통한다. 서양에는 분명히 이런 것이 없을 것 같다.

중국인들은 인도 카레를 일본식, 한국식으로 변형된 모습으로 즐기고, 젤리도 원산지인 미국과 독일에서 건너온 것보다 일본식, 한국식 젤리를 더 많이 먹는다. 중국 마케팅에 성공하기 위해서는 한발 앞서 맛본 글로벌 시장의 트렌드와 서양 문화를 지혜롭게 상품화해서 어필하는 것이 관건이다. 활짝 열린 중국의 글로벌 소비시장을 가장 가까이에서 누리는 혜택을 받은 우리만의 찬스인 셈이다.

04
중국의 창의력은 뉴 크리에이티브
클래스로부터: Creative Class

'창(創)'이라는 글자에 매혹된 중국

요즘 중국에서는 창의, 창조, 창신, 창업 등 '창(創)' 관련 단어들이 인기다. '창(創)'이란 말 그대로 'Create', 즉 없던 것을 새로 만드는 것이다. 개혁개방 이후 세계적으로 낙인찍힌 팔로워 내지는 카피캣이라는 오명을 한꺼번에 만회하려는 듯, 다른 나라에서 하지 않던 새로운 일을 먼저 시작하는 것에 광적인 집착을 보이고 이를 실현한 사람에게는 엄청난 찬사를 보낸다.

중국 지사에서 근무할 때 몇 년 전부터 광고 아이디어 회의를 하면 항상 나오는 것 중 하나가 온 가족이 함께 야외로 나가 드론을 날리는 광경이었다. 가전, 아웃도어 의류, 심지어 식품 광고에도 이런 장면을 넣자고 한다. 중국인들은 드론을 사랑한다. 왜? 이 카테고리를 가장 먼저 상용화시킨 것이 중국인이라고 생각하기 때문이다. 사실 맞는 말이기도 하다. 드론계의 스티브 잡스로 불리는 프랭크 왕은 중국 사람이다. 1980년생으로, 26세 되던 해 대학 기숙사에서 처음 드론을 만든 경험을 바탕으로 2006년 따장촹신커지(DJI)라는 회사를 창업했다. 이후 승승장구한 따장촹신커지는 2017년 기준 세계 시장 점유율이 70%, 매출은 27억 달러(약 3조 원)이고 기업 가치는 100억 달러(11조 원)에 달한다.

선진 기업의 기술을 흉내 내다가 홀로서기로 나서는 일반적인 중국 기업과 달리, 따장촹신커지는 처음부터 완벽주의를 고집하며 독자적인 기술개발에 매진한 기업이었다. 그때까지는 흔치 않은 케이스이므로 중국 사람답지 않다는 느낌도 있다. 하지만 과연 이것이 중국 사람답지 않은 것일까?

중국인은 크리에이티브한가?

요즘 우리의 일상생활 속 변화를 이끄는 동력은 아무래도 과학 기

술 혁신이라고 말할 수 있을 것이다. 이를 자세히 살펴보면 혁신에
도 3가지 정도의 레벨이 나뉘는 것이 보인다.

먼저 가장 기초적인 혁신은 '작은 개선'이다. 스마트폰이라는 새로
운 플랫폼이 나온 후에 그 화면을 키우고 펜을 가미해서 '노트' 시
리즈를 최초로 낸 삼성 갤럭시의 경우, 분명 생활에 도움이 되는 의
미 있는 변화를 이룬 것이지만 그렇다고 완전한 혁신이라고 하기에
는 미흡한 부분이 있다.

그다음 단계의 혁신은 이미 있던 시장이고 제품이지만 완전히 새
로운 기술로 기존과는 다른 새로운 생활의 장을 여는 혁신이다. 다
이슨의 '날개 없는 선풍기'가 대표적이다. 선풍기라면 당연히 날개
가 눈에 보여야 한다고 생각하지만, 다이슨 선풍기는 공기 흡입기가
아래에 감춰져 있는 것이 특징이다. 흡입된 공기는 위의 원통 모양
날개로 빠르게 쏘아져 원 모양의 강한 기류가 형성되고, 이에 따라
주변의 공기가 비어 있는 원으로 빨려 들어가는 효과를 냄으로써,
바람을 일으킨다는 원리다. 선풍기는 이미 우리가 흔히 접하는 일
상제품이었지만, 다이슨은 선풍기의 기술 자체를 새롭게 혁신한 케
이스라고 볼 수 있다.

마지막으로 세상 사람들이 열광하는 진정한 혁신은 기존에는 전

혀 없던 카테고리를 만들어내는, 순수하게 말 그대로 어떤 것을 '창조'해내는 것이다. 스마트폰이라는 카테고리를 만든 애플이 그러했고 전기 자동차라는 새로운 장을 연 테슬라가 그러했다. 제대로 혁신의 개념을 완성시키려면 그 완성도 역시 중요하다. 단순히 상용화에 그쳤다면 이후 더 정교한 기술을 가진 후발 주자에 의해 금세 따라 잡힐 것이다. 하지만 디자인이나 재질, UX의 완성도까지 제대로 갖추었다면 꽤 긴 시간 동안 혁신의 열매를 누릴 수 있을 것이다.

다시 원래의 질문으로 돌아가자. 4차 산업 혁명 시대의 핵심이라고 할 크리에이티브, 즉 '창의력'에서 중국인들이 자질이 있느냐고 묻는다면 내 대답은 매우 긍정적이다.

나는 요즘 같은 세상에 무언가 새로운 것을 과감히 발상하고 제안하려면 크게 4가지가 필요하다고 생각한다. 낙관주의와 자기애, 내게 의미 없는 것에 대한 과감한 무신경과 의미 있는 것에 대한 철저한 집중력이다. 이미 있던 길이 아닌 새로운 길을 만들어내기 위해서는 미래를 희망적으로 생각하는 다소의 무모함과 자아도취에 가까운 자기 존중감이 일단 기본일 테고, 주변의 간섭에 귀 기울이지 않는 무신경과 완벽한 결과물을 향한 집요한 열정이 그 추동력이 될 터이니 말이다. 낙관주의와 자기애, 타인에 대한 무신경은 우리가 소위 말하는 '대륙 기질'이라는 정서에 많이 녹아 있다. 거기에 집중력과 완성도에 대한 집요함까지 더해진다면 미래 사회가 요구하는 혁신가의 품성에 매우 가까이 다가갈 것이다.

우리가 잘 아는 알라바바의 마윈이나 샤오미의 레이쥔도 역시 낙관주의, 자기애, 자기 집중력에서 타의 추종을 불허하는 사람인 듯하고, 한발 더 나아가 최근에는 '완벽주의'로 변화하는 행보를 보이고 있다. 마윈의 알리바바가 처음에 공허한 슬로건처럼 얘기했던 빅 데이터로 구현하는 물류 시스템은 몇 번의 시행착오를 거치면서 광군제(11월 11일 쇼핑 데이) 때 그 빛을 발하고 있고, 레이쥔의 샤오미도 단순히 디자인 예쁜 테크토이에서 벗어나 뛰어난 품질을 갖춘 종합 가전 브랜드로 거듭나고 있다.

요즘 중국 젊은 세대 중에서 이런 사례는 상당히 많다. 아직 사업적 성공은 거두지 못했을지라도 자신의 마음의 소리를 좇아 과감하게 자기 길을 가는 사람들이 종종 눈에 띈다. 이런 사람이 누가 있는지 중국인 직원에게 물어보면 대부분 93년생 '후전위(胡振宇)'를 이야기한다. 어릴 때부터 로켓에 관심이 많았던 그는 중국 최초의 민간 항공 우주 기업 'Link space'를 창업하고, 2013년에 성공적으로 로켓을 쏘아 올렸다. 2014년에는 〈포춘 차이나〉가 선정한

중국 최초의 민간 항공 우주 기업
'Linkspace' 멤버들.
(사진 출처 : Linkspace 공식 트위터)

'40세 이하 성공적인 기업가' 중 37번째로 이름을 올리기도 했다.

중화민족의 중흥은 이들의 손에

역사적으로 하나의 국가가 세계적으로 그 기세를 떨칠 때면 어김없

이 진취적이고 야망이 넘치는 새로운 리더 계급, 내지는 계층 집단이

그 중심에 있다고 한다. 유럽 열강이 식민 제국 건설에 나설 때 앞장서서 신대륙을 개척한 모험가들이 그러했고, 미국이 여전히 세계에서 산업 주도권을 놓치지 않는 것은 차고에서 자신의 꿈을 벼리는 젊은 스타트업 야심가들이 줄을 잇기 때문이다.

중국에서는 그 역할을 아마도 80호우(80년대 생), 90호우(90년대 생)의 리더 그룹이 담당할 것 같다. 경제적 낙관주의를 밑바탕에 깔고, 가구당 한 자녀 정책으로 가족의 모든 기대와 칭찬이 집중된 환경에서 자기애를 키웠으며, 사회에서나 가정에서 굳이 취업을 않더라도 새로운 길을 가는 것에 대해 응원을 아끼지 않는 분위기, 게다가 넘치는 인터넷 콘텐츠로 이미 눈높이는 세계 수준으로 올라온 세대이다. 이들 중에서 과학 기술과 새로운 라이프 스타일에 대한 열정과 집중력을 갖춘 사람이 중국의 미래를 이끌어갈 '뉴 크리에이티브 클래스'가 될 것이다.

군사적·정치적 강대국으로 성장하면서, 중국 정부는 자국의 경제 성장을 위해 파격적인 지원을 아끼지 않았다. 그러자 세계 브랜드들이 대거 들어와 공장을 건설했고, 중국은 곧 세계의 공장지대가 되었다. 하지만 여기서 만족하면 더 발전할 수 없었다. 세계 시장에서 성장하고 당당히 경쟁하려면 자신들만의 기술, 아이디어가 필요했다. 그 역할을 지금 이 집단이 담당하고 있는 것이다.

한편 요즘 한국의 젊은이들은 어떤가. 이들은 이전 세대와는 인종이 다른 듯이 느껴진다. 키가 훨씬 커진 반면 두상은 매우 작아졌고, 비율적으로 팔다리가 매우 길다. 이런 외모의 변화는 아이돌로 대표되는 '외모 한류'의 한 축을 담당하고 있다. 또한 문화적 콘텐츠도 매우 다양하고 자기 취향도 분명하다. 하지만 이 세대를 규정하는 사회적 용어는 '5포 세대'나 '88만원 세대'처럼 비관적이다.

현재 한국의 젊은이들은 자기를 당당하게 내세우는 젊음의 특권을 누리지 못한다. 엉뚱하더라도 큰 꿈을 꿔보라는 사회적 지지와 응원을 받기보다 소박하게 작지만 확실한 행복을 누리라는 체념을 배운다. 회사에서 신입 사원들을 보더라도 군대문화 같은 기성세대에 반드시 적응하고 말리라 하는 결심을 이미 하고 온 듯하다. 회사를 그만두는 후배들이 가끔 있지만 뭔가 남들이 안 해본 새로운 일을 하는 것이 아니라 구글이나 페이스북 같은 세계적으로 검증된 회사로 옮기는 것을 최고로 여긴다.

단군 이래 최고의 외모와 최고 스펙을 가진 우리의 젊은이들에게 지금 한국 사회는 너무 냉혹하다. 성공의 과실보다는 실패의 반대급부가 너무 커서 꿈도 꿀 수 없는 지경이 되었다. 이런 우리의 현실에서 볼 때, 중국의 떠오르는 키워드 '뉴 크리에이티브 클래스'는 몹시도 부러운 이야기가 아닐 수 없다.

05

그들이 세상과 경쟁하는 방법,
디지털: Digital

중국인의 피에는 숫자가 흐른다

2018년 새해 벽두, 글로벌 IT 디지털 전자업계의 판을 읽을 수 있는 CES(Consumer Electronics Show, 소비자 가전 전시회)에서 단연 눈길을 끈 나라는 중국이었다. 참여 브랜드 숫자, 차지하는 면적 등 양적인 측면에서도 눈에 띄었지만, 더 중요한 것은 기술의 리더십을 보여주는 그 자신감이었다. AI와 빅 데이터, 스마트 시티 같은 미래형 화두에서 이미 거의 10년간 차근차근 준비해온 중국 입장에서는 그야말로 물 만난 물고기 격이었다.

지난 5년간 중국에서 그 과정을 지켜본 나로서는 어느 정도 예측 가능했던 당연한 결과라는 생각이다.

베이징 시 외곽에 사는 치치는 아침 출근을 위해 통근 버스를 탄다. 그녀의 회사가 운행하는 복지용 버스가 아니다. 버스회사에서 이용자를 모객하여 돈을 받는 상업용 버스다. 승객 입장에서는 전철을 몇 번 갈아타고 가는 것보다 훨씬 편하고, 택시를 타는 것보다는 훨씬 싸다. 버스회사 입장에서는 손님이 차면 운행하고 없으면 운행하지 않는 시스템이라 별로 손해 볼 것이 없다. 전날 저녁과 당일 아침 일정시간까지 신청하면 숫자에 맞춰 구간별 버스를 배차한다. 일주일 치를 미리 예약할 수도 있다. 요금은 그때그때 SNS머니로 미리 결제한다. 너무 편하다. 통근길에는 각종 뉴스 앱과 SNS를 통해 새로운 소식과 친구들의 동정을 알게 된다.

점심시간에는 동료들과 식당에 간다. 지갑을 안 가지고 다닌 지는 오래다. 거의 모든 곳에서 모바일 결제가 가능하다. 포장마차 같은 길거리 음식은 물론이고, 아무리 허름한 시장 음식점이라 하더라도 모바일 결제 시스템은 다 있다. 테이블 위에 있는 QR코드를 찍으면 메뉴가 뜬다. 다 같이 주문하고, 계산한 후에는 SNS머니로 서로 주고받는다. 아예 앱을 통해 편하게 나누기도 한다.

나가기 싫으면 배달 전문 앱을 사용한다. 터치 한 번에 회사 근처의 괜찮은 배달 업체들 리스트가 뜨고, 음식에 대한 평과 다양한 프로모션들을 보여준다. 선택할 수 있는 가짓수는 매우 많다. 시내 건물 1층에는 점심시간이면 식사 배달맨들이 줄을 서 있다.

저녁 퇴근은 택시를 이용한다. 택시 앱에는 일반택시부터 우버, 고급택시 등 다양한 종류가 뜨고, 택시가 잘 오지 않는 외곽 지역의 경우에는 추가 요금을 주겠다고 금액을 입력하면 그 금액을 보고 기사들이 자청해서 온다. 기사의 태도에 따라 평점을 주고, 그 평점이 차 번호 밑에 그대로 뜨니까, 승객들은 여러 기사 중 원하는 사람을 고를 수 있다.

빠른 배송이 특징인 쇼핑 사이트 찡둥(京東)을 통해 주문한 제품들은 1~2일 이내에 배달이 된다. 한국과 달리 중국은 국내에서도 먼 곳은 정말 멀다. 비행기로 다섯 시간이 걸리는 남쪽 끝에서 보낸 제품이 만 하루 만에 배달되는 것을 보면 정말 신기하기 짝이 없다. 그 비결은 디지털 기술에 기반을 둔 스마트 물류 혁명 덕분이다.

최근 2~3년간 중국에서는 인공지능, 빅 데이터, 로봇, 자율주행 등 신기술이 일차적으로 물류에 투입되었다. 실제로 이런 스마트 물류 시장 규모가 지난 5년간 매년 평균 29%씩 성장했다. 2018년에는 스마트 물류 시장 규모가 약 575억 위안에 달할 것이라는 보도도 있다. 구체적인 메커니즘으로 보면 일단 고객이 주문할 제품을 인공지능이 미리 예측해 가까운 물류 창고로 보낸다. 그럼 창고 속 로봇은 제품을 분류, 정해진 위치에 차곡차곡 쌓아놓는다. 그다음 창고를 나온 택배를 자율 주행 차량과 드론이 주문자의 집 근처에 위치한 스마트 택배 보관함으로 배달한다는 구조다. 실제로 지금 중국에서는 내가 주문하는 시점 이후부터 배달 프로세스가 작동하는 게 아니라, 그 이전 단계에서부터 예측을 통한 배달이 이미 이뤄지고 있는 셈이다.

중국은 땅이 넓고 사람이 많으며 물건도 많다. 모든 것을 숫자화시키고 표준화시켜야 비교도 가능하고 관리도 쉽다. 게다가 실용적이고 숫자에 민감한 그들의 성격상 모든 대안을 한 손 위에 올려놓고 선택하는 디지털 세상은 매우 구미에 맞다. 디지털 세상은 어쩌면 중국인들의 숨은 가능성을 크게 표출시켜 줄 수 있는 너무 좋은 시대적 호재가 아닌가 하는 생각을 하게 된다.

반면에 한국은 굳이 스마트 물류를 하지 않더라도 일 년에 몇 번 물류 특수 시즌에 아르바이트 인력을 쓰면 해결 가능한 규모여서, 굳이 이런 시스템에 돈을 투자하지 않는지도 모르겠다. 한국의 작은 시장 규모가 인공지능 같은 대규모 투자를 하는 데 근본적인 한계로 작용하는 게 아닌가 하는 아쉬움이 든다.

중국의 디지털화가 빠른 이유

중국의 디지털화 속도와 기술력에 대해서는 이미 많은 사례가 다양한 언론을 통해서 소개되었기 때문에 신기한 일은 아니다. 하지만 2000년 밀레니엘 전환기 이후 디지털 선진국을 자칭해왔던 우리 입장에서는 비교의식이 들면서 자괴감이 드는 건 어쩔 수 없다. 우리가 최초의 압도적 우위를 놓치게 된 것은 기질의 문제일까, 노력의 문제일까, 아니면 제도의 문제일까? 나 역시 개인적인 아쉬움도 있고 해서 한국인을 위한 변명 아닌 변명을 한번 해보고자 한다.

중국의 디지털 환경이 이렇게 빠르게 발달한 데는 '아날로그 시대'가 거의 없었다는 특수한 역사적 상황이 작용했다. 한국만 해도 산업화 이후 70년대부터 90년대까지 근 20~30년 동안 아날로그 시대가 있었다. 집집마다 전화기를 들이고, 배불뚝이 브라운관 TV를 사고, 세탁과 탈수가 분리된 2조식 세탁기를 갖게 되던 시대 말이다. 〈응답하라 1988〉의 시기랄까. 이 시기는 브라운관 TV를 넘어 디지털 TV로, 삐삐를 거쳐 피처폰과 스마트폰으로, 전화 모

2017년 9월 패스트푸드점 KPro 매장에 안면인식
결제 시스템을 도입한 알리바바의 알리페이.
(사진 출처: tech2ipo.com)

뎀 통신 시대를 지나 싸이월드를 거쳐 카카오톡으로 진화해온 시
간이기도 했다. 또한 인터넷 검색에서는 초창기 야후, 라이코스를
지나 다음, 네이버와 구글에 정착하던 시기였다.

　하지만 중국은 우리와 달랐다. 모든 디지털 문명의 과실을 2000
년대에 들어 한꺼번에 받아들였다. 물리적인 전화선을 깔 필요도
없이 보이지 않는 스마트폰 망이 들어섰고, 외국에서 이미 검증된

우수 요소들을 집약해서 만든 중국형 검색 엔진 바이두와 중국형 메신저 서비스 위챗을 썼다. 실수도 없었고 혼란도 없었다. 어느 순간 선물처럼 모든 것이 좋아졌다.

디지털은 곧 편리한 미래사회를 의미하는 '좋은 것'으로 자리 잡았다. 어린이나 노인이나 도시나 시골이나 할 것 없이 디지털 기기와 사용법을 받아들였다. 따라가지 못하는 사람이 '나쁜 사람'이 되는 형국이었다. '디지털 = 좋은 것'이라는 정의는 참 단순하고 힘이 있다. 지금 당장 눈에 보이게 14억 인민의 삶의 질을 높여주면서, 동시에 미래 글로벌 패권까지 보장해주는 것이기 때문이다. 중국인은 정치에서는 시진핑 주석을 '절대신'처럼 믿으면서, 동시에 경제적으로는 디지털을 같은 위치에 두는 것이 아닌가 싶다.

물론 이런 모든 것을 뒤에서 결정하고 추동하는 힘은 근본적으로 중국의 정치권력에서 나왔을 것이다. 중국은 하나의 국가로 묶기에는 너무나 큰 땅, 너무나 많은 인구, 게다가 55개의 이질적인 민족들로 구성되어 있다. 아날로그적으로 통치하기에는 인력과 시간, 비용 낭비가 너무 심한 곳이다. 효과적인 계획 경제의 실행과 효율적인 집행을 위해서도 디지털화는 불가피한 선택이었을 것이다.

하지만 통치와 통제는 종이 한 장 차이인지라 다르게 말하면 디지털화가 통제하기 편리하다는 이야기일 수도 있다. 특히 정보의 흐름과 돈의 흐름이 디지털화되면서 14억 스마트폰 유저들의 일상생활이 너무도 쉽게 기업과 정부의 통제 하에 들어갈 수 있다는 반대급부가 존재하기도 한다. 중국은 통제할 수 없는 외국 검색 사이트와 외국 메신저 서비스는 의도적으로 막아버린다. 공식적으로 활동을 하라 마라 말하지도 않고 그냥 인터넷 망을 막아버린다. 어쩌다 망이 통할 때도 있지만, 그때 대화한 내용 및 개인 정보들은 중국 당국이 다 확보하고 있다는 소문이 파다하다.

너무나 무섭지 않은가. 정부의 확고한 정책과 앞서가는 디지털로 다시 한 번 세계 최고의 국가를 만들어보자는 인민의 열망, 그리고 디지털화를 통해 돈을 버는 자본의 본능에 의해 중국의 디지털 만능주의는 오늘도 그 힘을 더해가고 있다.

제품 제조국가에서 생활 플랫폼 제조국가로

미래 경제는 플랫폼이 좌우한다고 한다. 제품 하나 서비스 하나로 돈을 버는 것이 아니라 좋은 제품, 서비스를 확보하고 소비자와 O2O(online to offline)로 교류하는 플랫폼을 갖춘 회사가 주도한다는 이야기다.

한국의 배달 앱을 봐도 그런 것 같다. 음식을 정성스레 만드는 사람들, 배달을 열심히 하는 사람들은 노동에 대한 최소한의 대가만 받는다. 소비자가 아는 플랫폼을 온·오프라인 상에 만들고 실제 거래를 일으키는 사업가가 잉여의 부가가치를 다 벌어들인다. 이 부분은 원래 중국인들이 잘 하는 영역이고, 앞으로 더욱더 급속히 발전시킬 영역이기도 하다.

중국의 공유 자전거, 공유 자동차 사업은 이제 초기의 혼란기를 거쳐 어느 정도 안정이 되었다. 그러자 바로 우리나라 인천시에서 시범 운행을 해보는 등 글로벌 시장으로 뻗어 나갈 기회를 탐색하고 있다. '게으름뱅이 경제(懒经济, 란찡지)'라고 하여 일인 가정을 위한 각종 제품과 서비스를 배달해주는 시스템을 갖춘 기업들도 최근 성장을 거듭하고 있다. 지금은 그냥 덩그러니 개념만 있고 누구도 실체를 말할 수 없는 '스마트 시티'도 실험을 거쳐 어느 정도 상용화가 되면 당연히 상업화에 나설 것이다.

중국에 대해 "세계의 공장에서 세계의 시장으로 바뀌고 있다"는 말들을 한다. 반은 맞고 반은 틀렸다. 소비 파워가 커졌다는 말을 하는 거라면 맞다. 하지만 이들은 무언가 생산하는 공장이라는 지위를 내려놓은 적이 없다. 단지 이제 그 제품의 유형이 다변화되고 있을 뿐이다. 단순히 유형의 제품을 생산하는 것뿐 아니라 생활 플랫폼이라는 무형의 가치를 연구하고 있으며 과감하게 실험하고 있다. 검증이 되고 나면 분명 진출에 나설 것이다. 그들의 기질대로 낙관적으로, 그러나 실질적으로 말이다. 게다가 가장 중요한 것은 중국은 엄청난 자본을 가지고 있다는 사실이다. 그 힘과 가능성이 무섭다.

2장

세대별 특성으로 파악하는
중국 마케팅

마케팅 기획의 핵심은 사람이다. 같은 사람을 어떤 측면에서 보는지, 얼마나 깊이 있게 들여다보는지, 그래서 결국 다른 브랜드가 발견하지 못했던 점을 찾아낼 수 있느냐가 관건이다.

중국에 있는 동안 많은 트렌드 리포트를 썼지만, 대부분의 주제는 결국 '사람'이었던 이유가 여기에 있었던 것 같다.

이미 중국의 세대별 특징에 대한 객관적이고 좋은 자료들이 많이 나와 있다. 하지만 자료가 아닌 실제 그들의 감성을 알려면 현지인들의 대화와 음악, 광고, 책 등을 살펴보는 것이 필요하다.

여기서는 그런 개인적인 감성을 많이 담으려고 했다. 중국인들을 우리와 가까운 곳에서 동시대를 살아가는, 살아 숨 쉬는 인간으로 따뜻하게 이해했으면 한다.

01
그들의 이상한 나라 중국: 80호우

최초 타이틀 최다 보유 세대

80호우(80后)는 다르다. 한국은 전후세대, 새마을세대, 민주화세대, 올림픽세대, IMF세대, 88만원세대 등 근대화의 역사적 변화를 함께 겪으면서 공유한 독특한 경험을 베이스로 한 다양한 세대 집단들로 나뉘어 있다. 하지만 중국은 현재의 정치·경제·사회적 토대를 만든 대부분의 사건들이 80년대에 집중적으로 일어났고 그 모든 것을 이 한 세대가 겪어냈다.

그 시작은 대략 1980년 즈음, 그 유명했던 문화혁명의 종료 시점이다. 중국은 1978년에 '개혁개방'과 함께 강제적 1자녀 갖기를 법으로 정한 '계획생육'을 선포했다. 전통적인 남아선호 사상, 다자녀 가족에 익숙한 중국인들에게 이는 가히 역사상 유례가 없는 획기적인 변화였다. 이후 태어난 아이들은 일부 소수민족을 제외하면 모두 다 '독생자녀'였다. '소황제'라고 불리면서 부모의 기대와 애정을 한 몸에 받고 자란 중국 신인류의 탄생이었다.

1984년에는 자본주의 상품 경제 체제 도입을 본격적으로 선언했고, 1992년에는 시장경제 체제가 어느 정도 확립되었다고 스스로 평가했으며, 10년이 채 지나지 않은 2001년에는 WTO에도 가입했다. 정치적으로도 1989년 천안문 사태를 겪을 정도로 중국 내 민주화의 싹도 이 시점에 어느 정도 발화되기 시작했다.

80호우가 자라나는 시기에 중국은 근대화, 산업화의 근간을 급속하게 갖추어 나갔다. 이들이 예민한 10대를 보냈던 1997년에는 홍콩 귀환을 경험하면서 세계 속에서 중국의 위상이 점점 뻗어 나감을 실감한 세대이기도 하다. 문화적으로도 일본, 서구, 한국의 대중문화 콘텐츠가 조금씩 들어오면서 예전처럼 획일적이지 않은, 다양한 취향을 키워나갈 수 있었다.

80호우가 결혼하고 취업을 시작하던 2000년대는 중국이 그야말로 굴기를 시작한 시기였다. 월급도 오르고, 주식투자 광풍이 불고,

창업도 활발하게 일어났다. 돈이 돌고, 글로벌 브랜드들도 중국에 제대로 자리 잡기 시작하면서 이들도 소비의 맛에 점점 빠져들고 있었다. '월광족', '고구'* 등 자본주의 소비 생활이 일상 속으로 처음 들어온 세대이기도 하다.

다른 한편에서는 지방 정부들이 앞다투어 아파트를 짓던 시기였다. 분양가는 낮았고, 은행은 장기 저리로 돈을 빌려주며 주택 구매를 부추겼다. 기회는 널려 있었다. 진작 돈의 원리를 깨우친 일부 계층은 부동산투자, 주식투자를 통해 어마어마한 규모의 자본을 축적할 수 있었다. 이런 모든 것들이 이 한 세대에 한꺼번에 일어났다. 이들은 분명 이전 세대가 누리지 못하던 많은 것들을 누릴 수 있는 천운을 타고난 사람들인 동시에, 이전의 중국에서는 사례를 찾아볼 수 없는 것들을 온몸으로 겪고 소화하면서 새로운 생각과 생활양식을 스스로 만들어내야 했던 중국 근대화의 실험 세대, 베타 세대이기도 했다.

한한으로 대표되는 개인주의

80호우의 대표주자로 손꼽히는 한한(韓寒)은 참 매력적인 사람이

---

*
월광족(月光族): 중국어에서 '빛 광(光)'은 '빛나다'는 뜻도 있지만, 다 써버려서 '바닥이 드러나다'라는 의미로도 많이 쓰인다. 매달(月) 받는 돈을 저축도 안 하고 바로 다 써버릴(光) 정도로 대책 없이 소비하는 사람들(族)이라는 뜻이다.

다. 그의 본업은 작가이다. 요즘 사람들도 좋아할 만한 현대적인 외모에, 유려한 글 솜씨를 가졌으며, 취미가 아닌 직업으로서 카레이싱 선수가 되어 상당한 성과를 내기도 했다. 중국판 유니클로인 반클이라는 패션 브랜드 광고나 네슬레 커피 광고에도 출연하면서 일부 사람들에게 지나친 상업주의 아니냐는 비판을 받기도 했지만, 그는 광고에 출연하면 먹고살기 위해 마음에 들지 않는 글을 쓰지 않아도 된다고 당당하고 솔직하게 얘기할 정도로 강심장까지 갖췄다.

몇몇 중국 친구들이 이 사람의 책을 추천해 줬고, 마침 한글 번역본이 있길래 읽어보게 되었다.

중국 제목은 『청춘』, 한국판 제목은 『나의 이상한 나라, 중국』으로 소개되었던 책이다. 블로그에 올린 에세이류여서 문학적 정제미는 부족하지만 굉장히 직설적이고 마치 옆에서 대화하듯 생생하다. 그는 이 책에서 경제적으로는 성장하고 있지만, 정치·사회·문화 영역에서 아직 전근대적인 행보를 보이고 있는 중국의 각계각층에 날카로운 독설을 날리고 있는데, 외국인인 내가 봐도 흥미진진하고 꽤 재미있었다.

그는 GDP는 성장하지만 1인당 GDP는 성장하지 않는 사회적 불평등, 권력과 돈이 좀 있다 하는 층이 물색없이 과시하며 무게 잡

---

* 고구(苦购): 고통스러운(苦) 구매(购). 좋아하는 상품은 돈 때문에 고통스럽더라도 어떻게든 사고 본다는 의미이다.

한한이 출연한 반클 광고, "나는 누군가의 대변인이 아니라 나 자신이다"라는
메시지를 담고 있다. (사진 출처: zhidao.baidu.com)

는 모습, 뒷구멍으로 호박씨 까면서 앞에서는 도덕적인 척하는 모
습들, 성에 대한 위선적 태도 등을 종횡무진 꼬집는다. 특히 그가
가장 싫어하고 못 참는 것은 "이래야 한다"라는 하나의 전형에 모
든 것을 꿰맞추려는 획일주의와 "나는 옳다, 네가 틀렸다"라는 식
으로 훈계하거나 강요하는 태도인 듯하다. 자신과 의견이 안 맞
을 경우 상대방에게 공개적으로 '사과하라'고 요청하는 행태에 대
해 쓴 글은 유독 날카롭다. 문화혁명 시기를 다룬 영화의 한 장면,
즉, 사람들 앞에서 공개적으로 망신을 당하면서 자아비판을 하던

모습이 겹쳐지면서 이를 온몸으로 부정하는 신세대다운 결기가 느껴지기도 한다.

한한은 중국의 전근대적 고루함을 비판적인 시각에서 진단한다는 면에서 루쉰이나 위화에 비유된다고 한다. 하지만 내 짧은 견해로는 조금 다른 것 같다. 루쉰이나 위화의 글에서는 그래도 중국과 중국인에 대한 깊은 연민과 연대의식 같은 촉촉함이 배어 있다고 한다면, 한한의 글은 '너는 너, 나는 나'라는 서늘한 느낌이 훨씬 더 강하게 느껴진다. 물론 마지막에는 그래도 "절대 외국으로 이민은 가지 않는다, 왜냐하면 (보기 싫은) 중국의 관료 계층이 이미 너무 많이 이민을 떠나서"라고 농담하듯이 말하고 있다. 이기적이고 비판적으로 보이는 이 80호우들에게도 역시 조국은 애증의 대상일 뿐, 마음에 안 든다고 내칠 수 있는 선택의 대상은 아닌 것이다.

사실 중국에 있으면 '비판적 시각의 언론'이라는 건 그다지 접할 수가 없다. 많은 언론들이 비슷한 논조로 당과 정부의 말과 행동에 맞춰 일사불란하게 움직이고 있다는 느낌이다. 언제나 반복되는 논조는 중국은 이렇게 발전하고 있으며, 지금 중국 정치인은 깨끗하고 인민을 너무나 사랑한다는 것이다. 지진이나 큰 문제가 생겨도 우리는 잘 해결하고 있고 문제 해결력은 점점 더 나아지고 있다는 것이 결론이다. 또한 그다음 이어지는 '교훈적 가르침'도 중요하다. 이렇게 발전하는 국가의 명예를 위해 개인은 이제 문명인이 되어야 한다. 일상생활에서도 품격을 지키고 외국에 나가서 중국인의 얼굴에 똥칠하는 부끄러운 짓을 하지 말라는 훈계가 이어진다.

예전에 한국에서도 많이 본 익숙한 논조다. 단, 우리에게는 그 반대편에서 다른 목소리를 내는 언론이 적어도 한두 개는 계속 있었다. 하지만 현재 중국에서는 그런 언론이 잘 보이지 않는다. 따라서 개인적 의견이라도 강요된 질서, 문화에 대해 자기 의견을 흥미로운 방식으로 활발히 개진하는 한한이 많은 젊은이들의 호응을 받는 것은 당연하다 하겠다. 동시에 이런 비판을 당당히 하는 한한이라는 인물은 정말 대단한 사람이라고 감탄하지 않을 수 없다. 그는 최근에 영화 일을 한다고도 한다. 결혼하고 아이도 낳았다.

비판은 비판이고, 자기 하고 싶은 일들을 하면서 당당하게 자신의 인생을 살아가는 모습이 멋지다. 많은 80호우들이 한한처럼 자유롭게 남 앞에 자신의 생각을 공공연히 펼치지는 못하더라도, 적어도 예전 세대보다는 개인주의적으로 자기 생각에 충실하게, 자기 취향에 솔직하게 인생을 살아가고 있는 듯하다.

청춘은 영원하지 않다. 80호우, 한없이 자유를 누릴 줄만 알았던 그들이 이제 결혼을 했다. 인생에서 다른 하나의 큰 축인 가정이 생긴 것이다. 그리고 가정생활에서도 자신이 겪어왔던 전통적 가정의 삶과는 다른 어떤 것을 꿈꾼다. 하지만 분명 쉽지는 않다. 예전에는 그래도 결혼을 둘러싸고 당사자와 부모들이 생각하는 모범 사례가 분명 있었다.

지금은 다르다. 결혼하는 당사자 혹은 가정마다 생각하는 결혼 생활이 조금씩 다르다. 하나의 전형적인 모습은 이제 없다. 각자도 생이다. 남자와 여자의 생각이 다르고 상해 사람, 북경 사람 생각이 다르다. 혼란 중에 당연히 다툼도 많고 이혼율도 높다. 어찌 보면 최초가 겪는 어쩔 수 없는 고통이다. 하지만 언제나 그랬듯 이들의 인생 교훈은 다음 세대를 위한 발자국으로, 혹은 반면교사로 역할을 하게 될 것이다. 좋은 쪽으로든, 나쁜 쪽으로든.

02

여자와 엄마 사이, 왕비 혹은 괴물:
80호우 여자

잘 나가던 그녀들, 엄마가 되다

중국 역사상 최초의 소황제, 그중에서도 소황녀였던 그들. 당연히 집에서 무남독녀 외딸이다. 부모, 조부모, 외조부모의 관심과 격려 속에서 유아기, 청소년기를 보냈다. 한국과 마찬가지로 지독한 경쟁 속에 입시 공부에 시달리고 당연한 듯 취업해서 워킹우먼으로 일하다 보니, 이전 세대 여자들이 자연스럽게 익혔던 살림 노하우도 전혀 없이 용감하게 결혼을 한다.

자신의 수입 외에 남편이 수입이 생겼고, 게다가 양가 부모의 물심양면 지원도 받으며, 주부로서 의무는 최소한만 하고 권리는 충분히 누리고 있는 이들은 거의 특권층이라 할 만하다.

중국에서는 80호우 주부를 'She 경제'라고 표현할 정도로 이들은 큰손으로 인정받고 있다. 충분한 경제력을 바탕으로 집안일은 편리한 스마트 가전으로 해결하거나 도우미를 쓰면 되고, 언제나 지원 태세를 갖추고 있는 양가 부모님도 계시다. 특히 경제적인 측면에서 80호우 여자들이 왜 주요한 소비 파워로 떠올랐는지 이해하려면 결혼과 관련된 현재 중국의 실태를 이해할 필요가 있다.

우리와 마찬가지로 중국에서도 결혼할 때 집장만에 가장 큰돈이 들어간다. 그런데 중국에서는 전액을 부모가 지원해 주거나, 대부분의 금액을 지원해 주는 경우가 절반을 차지할 정도로 부모 의존도가 높다. 결혼 비용 역시 가족 전체의 행사인지라 부모가 책임지는 것이 당연하게 여겨질 정도다. 또한 이렇게 결혼을 하게 되면 맞벌이 부부의 경우 집안 살림을 가까이 사는 부모가 맡아서 해주는 것이 어느 정도 당연시된다.

아이를 낳으면 더 말할 필요도 없다. 한 통계에 의하면 2.5세 이하 어린이의 조부모 양육 비율이 70%에 이르고, 심지어 30%가 조부모 집에서 양육되고 있다 하니 대부분의 젊은 엄마들이 자녀 양육을 부모에게 맡기고 있는 상황이다.

자녀 양육과 함께 집안일까지도 부모의 차지가 되는 경우도 많다. 게다가 알다시피 중국의 남편들은 집안일을 나 몰라라 하지 않는다. 큰 칼을 이용해 썰고 고온에 볶는 음식이 많은 중국 요리의 특성상 남자가 하는 게 더 적합하다고 한다. 실제 주변에서 보더라도 집에서 자신이 요리를 하지 않는다는 주부가 대부분이다.

중국 'She 경제'의 기둥

그러면 이렇게 남긴 시간과 돈을 어디에 투자하는가. 한 증권회사 보고서에 따르면 중국에서는 여성이 가정 소비의 의사결정권자로 자리 잡고 있으며 약 75%에 달하는 가정 소비가 여성의 결정에 의해 이루어진다고 한다. 당연히 이들은 과거 여성 대비 자기애가 강하고, 외모, 이미지, 패션 등에 관심이 많으며 이에 과감히 투자한다. 시간이 없는 워킹맘들을 위한 온라인 쇼핑몰도 너무나 잘 되어 있어서 알리바바 전자 상거래 매출액의 70%가 여성에 의한 소비라는 자료도 있다.

그들 머릿속에 있는 소비의 우선순위를 보자. 첫 번째는 자신의 아름다움을 위해서 소비한다. 심지어 아이를 낳은 후 얼마나 빨리 몸을 회복하느냐에 대한 경쟁이 붙으면서 임산부 몸매 피트니스 서비스가 붙은 산후 조리원은 한 달에 6만 위안(1천만 원)을 넘나드는 가격에도 이용하려는 산모들이 줄을 선다.

'라마(辣妈)'라는 말을 들어본 적이 있는가? 우리말로 '트렌디 엄마' 정도의 뜻으로 해석될 이 말은 원래 빅토리아 베컴에게 붙여준 애칭이었으나, 결혼을 하고 아이를 낳고서도 여전히 기존의 몸매와 패션 감각을 유지하는 엄마를 통칭하는 말로 쓰인다.

두 번째는 아이를 위해서 소비한다. 사실 이 부분은 아이를 위해서 그다지 자신의 시간이나 노력을 투자하지 않는 80호우 엄마들이 죄책감을 지우기 위해 반대급부로 쓰는 경우가 더 많을 것으로 보인다.

중국어로 "아무리 힘들어도 아이마저 힘들게 할 수는 없다(苦参么都不能苦孩子)"라는 말이 있다. 전통적인 관념이라고 할 수도 있겠지만, 아이를 대하는 엄마의 심정은 모두 이 마음이 아닐까 싶다. 분유나 아이들 먹을거리, 장난감 등은 비싸더라도 해외 직구를 통해 좋은 제품을 사려고 하는 마음이 강하다. 또한 한국처럼 자녀 교육에 대한 투자를 아끼지 않는 그들의 특성상 다양한 조기 교육 프로그램 역시 서서히 인기를 끌고 있다.

〈Parents〉라는 잡지의 라마(辣妈) 사진 응모전 페이지. "我是妈，我更是我
(나는 엄마다, 하지만 더 중요한 것은, 나는 나다)"라는 잡지 표지의 글귀가
인상적이다. (사진 출처: huaban.com)

그렇다면 남편을 위한 소비는? 안타깝게도 자신이나 아이에 대한 애정만큼 남편을 위한 대등한 수준의 소비는 이루어지지 않는 것 같다. 오히려 과거의 '여자＝내조자'라는 등식이 무너지면서 남편과 의 관계에서 더 파워를 가지려는 욕심은 확실해 보인다. 이를 단적 으로 볼 수 있는 것이 자녀에게 어떤 성을 물려주느냐의 이슈다.

중국은 엄마 성, 아빠 성을 선택해서 따를 수 있다. 그리고 80호 우들은 대부분 독생자녀이기 때문에 아이를 낳은 후에 누구의 성 을 물려주느냐는 그들에게 매우 중요한 문제일 수도 있다. 자녀가 엄마, 아빠의 성을 모두 따르는 4자 이름이 유행하기도 하고, 그냥 엄마 성씨를 따르는 아이들도 많아지고 있다. 한 조사 기관에 의하 면 80호우 부부 중 40% 정도는 아이가 누구의 성을 따르느냐를 가 지고 다툰 경험이 있다고 할 정도로 일상적인 문제라고 한다.

실리적인 성향의 중국인답게 남녀 간의 가사 분담에 대해서도 매 우 구체적으로 명확하게 분담하는 경우가 대부분이다. 모든 종류의 집안일을 100가지 이상 나열한 후 이를 세세히 분류해서 올린 누군 가의 SNS가 화제가 될 정도로, 특히 신혼부부에게는 가사의 공정 한 분담이 중요한 이슈가 되고 있다.

대체로 기세등등한 그녀들

중국 사무실에서 하는 우스개로 '아시아 최고의 신붓감은 일본 여성, 아시아 최고의 신랑감은 중국 남성'이라는 말을 한다. 다른 모든 것을 떠나서 가정에 헌신적인 지수로만 판단했을 때 그렇다는 거다. 일본 여성은 자기주장이 적고 가정에 헌신적이라는 점에서, 중국 남성은 밖에서는 활발하고 드세지만 집에 오면 한없이 작아져서 모든 집안일에 적극적이라는 점에서 좋은 평가를 받는다.

이런 관점에서 아시아 최하위는 중국 여성과 한국 남성이다. 밖에서도 드세고, 안에서는 더 드센 걸로 유명한 중국 여성과, 밖에서 너무 힘든 일에 치여서 기를 다 뺏기고 집안일은 여성에게 맡겨버리는 방임형 한국 남성이 꼽혔다고나 할까. 만약 이 둘이 만나서 커플이 되면 어떨까? 실제로 주위에서 보면 한국 여성과 중국 남성이 결혼하는 경우는 꽤 있지만 중국 여성과 한국 남성이 결혼하는 경우는 의외로 많지 않았다.

중국에 있는 동안 곁에서 두 번의 사례를 접해봤다. 남자 후배한 명이 중국인 동료 여자와 결혼을 했다. 후배 남자가 한국 남자치고는 유하고 착한 편이라, 그런대로 조화롭게 잘 지낼 거라고 다들 예측을 했다. 하지만 신혼의 즐거움은 잠깐, 엄청난 문화적 차이에서 오는 서로 간의 갈등이 소문을 통해, 당사자의 불평을 통해 흘러 나왔다. 거의 사네, 못 사네 수준으로 다투다가 결국은 남자가 월급이 좀 적은 대신 야근도 적은 회사로 옮기고 서로 조금씩 양보하면서 자리를 잡았다고 한다.

운동모임을 통해 알게 된 한 한국 남성은 중국인 여성과 결혼해 10년 이상 중국에서 잘 살고 있는 케이스였다. 남편은 한중 교류 센터에서 일하고 아내는 대학교수였다. 가정을 방문해 보면, 아내 분이 그렇게 활달하고 스스럼없을 수가 없다. 방문자들이 중국말을 알아듣건 말건 친절하고 살갑게 말도 잘 붙이고, 술 한 잔 마시고 흥이 오르면 중국 노래도 부르고 한시(漢詩)도 낭독하면서 좌중을 휘어잡는다. 그럴 때 너무도 사랑스럽게 아내를 쳐다보는 그 남편의 눈빛이라니. 결국 화목한 가정을 만드는 비법은 서로 이해하고 아끼는 사랑의 힘인 것 같다.

그들만의 빛과 그림자

다시 평균적인 중국 80호우 여자들을 살펴보자. 그들은 밖에서나 안에서나 자신의 주장을 당당히 표출한다. 하지만 세상 모든 일이 그렇듯 아름답고 좋은 면만 있을 수는 없다. 어차피 남편이나 아내나 독생자녀로 태어나 집안일에 서툴 수밖에 없는 이들은 부부간 가사 분담 문제로 한 치의 양보도 없는 신경전으로 치닫다가 불상사를 일으키는 경우도 종종 있다. 너무나 사소한 일로 다투고 쉽게 이혼한다고 하여 등장한 표현이 '번개 결혼, 번개 이혼'이다.

저장성에서는 4년의 결혼기간 동안 이혼 6번, 결혼 7번을 한 부부 이야기가 화제가 되기도 했다. 너무 쉬운 이혼 절차 탓이라는 여론도 있어 최근에는 이혼 절차를 어렵게 하자는 여론이 힘을 얻을 정도이다.

결국 자기중심적 성향과 전통적 가정관의 모순 속에서 많은 부부 갈등이 발생한다고 볼 수 있다. 물론 갈등을 잘 풀어가는 가정도 있지만, 많은 이들이 '불안한 가정생활'을 겪고 있으며 '화목한 가정 경영'에 목말라하고 있다고 말할 수 있을 것이다. 전통적인 가족생활에서 지혜를 얻든, 아니면 완전히 새로운 가정생활의 전형을 만들어내든, 어쨌거나 이들에게도 결혼 생활은 도전의 연속인 셈이다.

03
산하오 아빠의 삼중고: 80호우 남자

잘 나가던 그들, 아빠가 되다

집안에서 왕비 대접을 받는 80호우 엄마 옆에는 80호우 아빠가 있다. 그들 역시 아내들처럼 무녀 독남 독생자로 모든 집안의 사랑과 관심 속에 성장했다. 게다가 아들이다. 아직 전통적인 가족관이 남아 있을 때 출생한지라 태어나면서부터 아들이라는 사실 하나로 부모를 만족시켰다. 하나뿐인 귀한 아들을 얼마나 애지중지 키웠을지는 상상이 간다.

공부하고 대학 가고 취직하고 승승장구, 연애에 결혼까지 골인했으나 그다음에 인생의 진정한 난관이 펼쳐진다. 중국 하늘의 절반을 떠받치고 있는 괄괄한 여장부와의 1:1 생활이다. 그리고 곧 아이를 낳는다. 출산 후 아내의 관심과 사랑이 아이에게로 향하는 건 시간문제다. 입주 산후 도우미가 안방을 차지한 채 아이와 함께 생활하기도 하고, 양가 어머니 중 한 분이 그 역할을 이어받는다.

남편의 설 자리는? 집에서 조용히 숨을 죽이고 폐를 끼치지 않으려 하거나 아니면 아예 늦게 들어오면서 자기 재미를 챙기거나 한다. 주말이면 비슷한 처지의 유부남끼리 단톡방을 운영하면서 같이 모여서 운동을 하거나 술을 마신다. 여기까지는 한국과 크게 다르지 않은 것 같기도 하다.

하지만 그다음에 재미있는 통계가 있다. 한 조사에 의하면 74%의 아빠가 아이에게 장난감을 살 때 자신의 장난감도 같이 구매한다는 거다. '함께 놀자'라는 것으로 아이와의 관계에서 해법을 찾는다는 얘기다. 긍정적으로 생각하면 나름 자기 방식으로 문제를 해결하려는 좋은 의지 같아 보이기도 한다.

어차피 노는 걸 좋아하는 아이들과 성인이 돼서도 여전히 노는 것에 관심이 많은 남자들 사이의 공통분모는 '같이 노는 것'이다. 많은 아빠들이 '놀이'를 통해 아이와 소통하는 동시에 자신의 즐거움도 놓지 않으면서 아빠로서의 자부심도 갖게 된다고 이야기한다.

2015년 방영된 TV 드라마 〈호랑이 엄마, 고양이 아빠〉. 사교육에 열심인 엄마와 인성교육이 중요하다고 주장하는 아빠 이야기로 많은 사람들의 공감을 얻었다. (사진 출처: tv.sohu.com)

그 근간에는 "나는 내 아버지와는 다른 아빠가 될 거야"라는 가치관이 자리 잡고 있다. 대다수의 80호우 아빠들이 가장 이상적으로 꼽는 아빠상은 '마음까지 나눌 수 있는 친구 같은 아빠'라고 한다. 자신만의 개성으로 아이들의 감성과 잠재력을 키워주는 아빠들을 가장 훌륭한 모습으로 칭한다.

앞에서 언급한 작가 한한(韓寒)은 양육에 있어서도 하나의 모범적인 해답을 제시한다. 틀에 박힌 방식의 교육, 특히 학원 교육 같은 것을 벗어나 자신이 즐기는 모험이나 글쓰기에 아이를 참여시키고 대화한다. 결과적으로 엄마는 학원이나 학교 교육에 열심이고, 아빠는 아이에게 마음껏 놀라고 이야기하며 인성 교육에 치중하여 충돌하는 〈호랑이 엄마, 고양이 아빠〉 같은 드라마가 인기를 끄는 배경이 되기도 했다.

중국에서 크게 유행한 〈아빠 어디가〉

중국 후난 위성 TV에서 2013년부터 방영하기 시작한 〈아빠 어디가〉는 2017년 시즌5까지 제작될 정도로 꾸준한 인기를 모았다. 비록 한국에서 수입해온 포맷이지만, 중국에서도 마침 사회적으로 이슈가 된 '아빠 육아'의 유행과 맞물리면서 마치 자기 옷을 입은 것처럼, 사회 현상을 잘 반영한 하나의 트렌드가 되었다.

80호우들이 대거 부모가 되면서 '아빠는 엄하고 권위적, 엄마는 자상하고 온정적'이라는 전통적 가정 문화가 어떻게 바뀌어야 하는지 고민할 즈음, 이 프로그램 속 아빠의 모습, 가정의 모습이 참고로 삼을 만한 좋은 사례들을 많이 보여주면서 열풍처럼 인기를 끌게 된 것이다. 한국도 마찬가지였지만 〈아빠 어디가〉에 등장하는 아

〈아빠 어디가 2〉에서 가장 많은 인기를 끈 황레이,
황뚜어뚜어 부녀. (사진 출처: people.com.cn)

빠들은 하나같이 잘 나가는 직업에 멋진 외모, 자상한 성격으로 아이들에게 친구 같은 아빠의 모습을 보여준다. 연예인들의 호화로운 생활을 보여준다 해서 비판의 목소리도 있었지만, 어쨌거나 중국 80호우 부모들에게 주변에서 접하기 어려운 좋은 부모에 대한 새롭고 좋은 예시가 되어준 의미 있는 프로그램으로 평가되고 있다. 그리고 시즌 1, 2, 3에 등장한 여러 사람들 중에서 특히 중국인들에게 많은 사랑을 받은 조합이 있었으니, 바로 황레이, 황뚜어뚜어 부녀다.

환영 받는 산하오 아빠

아이들의 귀여운 리액션 중심이었던 한국의 〈아빠 어디가〉와 달리 중국에서는 아빠의 교육관이나 양육 방식 등이 비교적 더 많이 노출되었던 듯하다. 그래서 출연한 아빠들 개개인의 육아 방식이 화제가 되기도 했다. 중국영화학원 교수이면서 배우로도 활약했던 황레이는 특히 가장 대표적인 산하오 아빠(三好爸爸)*로 '국민 아빠' 칭호를 얻었다. 이러한 인기에 힘입어 『나의 어깨, 그녀의 날개』 같은 육아 책도 5권이나 냈다.

*
산하오 아빠: 좋은 직장과 자상한 성격을 지닌, 요리 잘하는 남편이자 아버지.

물론 아빠만 훌륭하다고 해서 이렇게 뜰 수는 없을 것이다. 그의 딸 황뚜어뚜어는 외모, 행동, 총명함 등 어느 것 하나 빠지지 않는 반듯한 모습으로 중국 엄마들 사이에서 '우리 따님(我家闺女)'이라고 불리면서 폭발적 사랑을 받았다. 아빠와 별도로 미션을 진행할 때도 언제나 언니와 누나처럼 다른 아이들을 이끌면서 나이답지 않은 어른스러운 말과 행동으로 찬사의 주인공이 되었다. 아이가 이렇게 자란 데에는 분명히 부모의 교육이 영향을 미쳤을 것이다.

예를 들면, 방송에서 나오는 강아지를 데려다 키우고 싶어 하는 딸에게 아빠 황레이는 "강아지도 강아지 엄마가 보고 싶을 거야"라는 따뜻한 말로 설득을 한다. 이런 에피소드를 보면서 아빠들은 분명 자극을 받았을 테고, 엄마들은 곁에 있는 남편을 흘깃 째려봤을 것이다.

어쩌면 삼중고 아빠

산하오 아빠를 거꾸로 생각해 보면, 어쩌면 엄마나 자녀들이 만든 환상의 굴레일지도 모른다. 사회적으로 성공도 해야 하고, 아내와 자식에게는 한없이 부드러워야 하고, 게다가 요리도 잘해야 한다니 마치 바깥일도 잘하고 집안일도 잘 하는 '슈퍼맘' 신드롬 같다.

상대적으로 중국 여성에게 바깥일과 집안일의 양립 문제는 그다지 화제가 되지는 않는 듯하다. 어차피 그런 정도의 일은 결혼하는 여자라면 어느 정도 각오하는 일이기도 하고, 현실적으로 청소, 조리 등의 물리적인 '집안일'은 어차피 기계가 되었건 사람이 되었건 도와주는 손들이 많아져서일지도 모르겠다. 게다가 집안 가족 관계를 경영하는 것은 부부의 몫이고, 칼자루를 쥔 쪽은 아무래도 아내이다 보니 여성들의 발언권이 더 강해지는 것 같다.

사회생활과 친구를 포함한 바깥 활동과 가정생활의 양립에서 더 어려움을 겪는 것은 오히려 남편, 아빠가 아닌가 싶다. 역으로 마케팅을 하는 기업 입장에서는 만만한 게 남편이고 아빠다. 좋은 남편이 등장하는 냉장고 광고, 착한 아빠와 함께 하는 과자 이벤트가 엄마들의 좋은 반응을 얻는다. 남보다 앞서가는 선진적인 중산층 가정의 모습으로 인식되면서 브랜드 이미지를 높이는 데도 좋다.

80호우들은 이전 세대 대비 큰 자유를 누리고 있다. 그리고 현재는 중국 내 새로운 가정 문화를 만들어가는 주역이다. 하지만 가정 내에서도 빛과 그림자가 존재한다. 80호우 엄마들의 행보는 이전 세대가 충분히 누리지 못한 여자의 지위를 격상시키는 모양새다. 하지만 80호우 아빠들의 모습은 이전 세대 권위적 아빠가 누리던 지위를 박탈당하고, 변화된 가정 내에서 새롭게 자리 잡기 위해 고군분투하고 있다는 것이 아마도 가장 객관적인 묘사가 될 것이다.

04

심화된 개인주의로
현실을 직시하다: 90호우

작지만 확실한 내 것을 꿈꾼다

80호우가 부모의 엄청난 기대 속에서 가정의 꿈을 대표로 이루는 첫째의 책임을 다한 세대라면, 90호우는 형의 시행착오를 다 지켜본 후 현실적으로 실리를 챙기는 둘째 같은 느낌이다. 물론 형이 확보한 만큼의 부나 지위는 누리지 못한다는 한계는 있지만 대신 꿈도 크지 않고, 다른 사람의 기대보다는 나 자신이 원하는 바에 대해 좀 더 예민하고 솔직한 경향을 보인다고 하겠다.

이들은 1990년대 시장 경제 체제가 어느 정도 안정적으로 된 시기에 유년기를 보냈다. 2000년 이후 보편화된 인터넷과 스마트폰 같은 디지털 기기를 통해 다양한 외국 문화를 어릴 때부터 일상적으로 접하면서 자란 세대로서 어두운 전근대 사회에 대한 기억 자체가 많지 않다. 해외여행도 자유로웠고 유학도 가능한 세대였다. 게다가 한창 예민한 10대 시기에 2008 베이징올림픽을 경험했기에 조국에 대한 자부심도 매우 강하다.

또 하나의 큰 차이는 자라면서 가정환경의 차이라는 것을 몸으로 실감한 세대라는 것이다. 비슷하게 못 사는 부모를 가졌으나 개인의 노력에 의해 자신의 대에서 부와 가난이 갈리는 경험을 가졌던 80호우와 달리 이들은 이미 태어나면서부터 어느 정도 부와 가난이 정해진 상황을 경험했다. 게다가 이를 만회할 기회는 상대적으로 적어졌다는 점이 큰 차이다. 물론 성장의 엔진이 많이 약해진 선진국보다는 훨씬 상황이 좋지만 그래도 '일확천금'을 꿈꿀 수 있는 유동성 시대는 지나갔고, 안정된 정치·경제·사회적 상황 하에서 조금씩 좋아지는 '개선'을 현실적인 대안으로 떠올릴 수밖에 없다.

부모도 챙기고 조상도 챙기는 형님에 비해 조금 더 개인주의적으로 내 삶, 내 주변을 더 많이 챙기는 동생의 철없는 개인주의는 거꾸로 보면 현실적인 한계에 일찍 눈을 뜨고 실현 가능한 꿈을 꾸는 조숙함 내지는 현실 감각으로 이해될 수도 있겠다.

선택의 폭은 극과 극

중국에서 90호우 세대의 특징을 묘사할 때 일반적으로 가장 많이 하는 말이 '10인 10색'이다. '반항'이나 '도전' 등 하나의 핵심 가치를 중심으로 비슷한 성향을 보였던 80호우와 달리, 가치관이나 라이프 스타일에서 하나로 묶이지 않는 다양함을 지녔다는 말이다. 사실 이는 최근 전 세계 젊은이들의 일반적 특징인 '마이크로 세그멘팅'과도 상통하는 현상이다.

보고 자란 문화적 콘텐츠가 다양하고, 남들이 하는 모습은 인터넷을 통해 너무도 쉽게 퍼지므로, '남다른 나만의 것'이 무엇보다 중요하다. 남들은 쉽게 생각 못하는 것을 해야 위너가 된다. 게다가 정말로 인구가 많은 중국이다. 한 해에 대입시험을 보는 수험생이 천만 명에 육박한다. 이렇게 많은 사람들 사이에서 나만의 개성으로 튀는 것은 정말 어렵다.

중국 마케터 사이에 좋은 사례로 회자되는 이야기가 있다. 26세의 탕과 그의 아내는 2009년에 살고 있던 도시 칭다오를 떠나 숲으로 들어갔다. 그들은 비누, 화장실, 세탁기, 그리고 전기까지 살면서 필요한 모든 것을 만들어 썼다. 적은 에너지로 지속 가능한 새로운 라이프 스타일을 찾아 나선 것이다. 쉽지 않은 일이다. 하지만 인터넷에서 화제가 되면서 나름 유명인사가 되었고, 이런 라이프 스타일도 하나의 대안이 될 수는 있겠다는 지평을 넓혔다.

그런가 하면, 넘치는 열정으로 창업을 주도하는 젊은이도 많다. 2011년 대학 재학 시절, 대학 내 데이트 앱을 개발해 1억 위안에 알리바바에 넘긴 신화를 남긴 위지아원 같은 사례도 있다.

한 사람 안에 존재하는 다양함

90호우를 묘사할 때 다음으로 많이 하는 말이 '듀얼리티'다. 즉, 하나의 인격체 속에 두 개의 가치가 공존한다는 것인데, 이는 다양한 방면에서 응용된다. 가장 많이 쓰는 말은 두얼부꾸(独而不孤), 혼자 있어도 외롭지 않다는 뜻이다. 이들은 독생자녀라 어차피 혼자 자란 세대였다. 다 커서도 굳이 마음에 안 맞는 사회관계를 맺기보다는 차라리 혼자 지내는 것을 편하게 생각한다.

혼자 지내도 놀 것은 많다. 음악도 혼자 듣고, 운동도 혼자 하고, 여행도 혼자 한다. 단, 음악 커뮤니티에 들어가 공유할 수 있다. 운동 기록을 체크해서 소셜로 친구와 경쟁할 수도 있다. 여행 중 만난 사람과 친구가 될 수도 있다. 즉, 내가 필요할 때 필요한 만큼의 규

탕과 그의 아내의 남다른 일상을 보여주는 사진들.
(사진 출처: www.ikuku.cn)

모로 원하는 깊이만큼만 교류하겠다는 거다. 부모니까, 선생이니까, 선배니까 하면서 내 세계로 쑥 들어오려는 전통적 관계 속 간섭은 거부한다. 그럴 바에야 혼자 외로움을 즐기는 편을 택하겠다.

'듀얼리티'는 다양하게 변주된다. 예를 들면 아름다움과 추함의 공존이다. 현대적이고 세련된 캐릭터를 좋아하는 건 기본이다. 하지만 모든 게 예쁘기만 하면 지루하다. 중국에서 최근까지도 유행하는 SNS 캐릭터 중에 '또우비(逗比)'가 있다. 한국말로 하면 '꼴통' 정도가 되겠다. 예쁜데 약간 엉뚱한 짓을 하는 정도가 아니다. 볼썽사나운 외모에 갖가지 원초적이고 솔직한 반응을 보이는 추한 캐릭터다. 그런데 이 이모티콘을 사용해 보면 의외로 속이 시원하다. 받는 사람도 기분 상하지 않는다. 피식 웃고 만다.

추함도 있어야 인생이 풍부해진다. 주성치나 홍금보 같은 얼간이 캐릭터는 요즘 젊은이가 보는 최근 중국 영화에서도 언제나 인기 있다. 그래서인지 언제나 아름답고 환상을 자극하는 모습이 나와야 한다는 강박을 가지고 있는 한국의 광고와 비교해, 중국의 광고는 부정적인 영역을 소화해내는 수용도가 꽤나 넓다.

또 하나 예를 들면 금욕과 탐닉의 공존이다. 중국의 젊은이 역시 세계적인 외모 지상주의를 외면할 수 없다. 특히 운동으로 관리 가

웨이신 내에 있는 또우비 이모티콘. 예쁘지는 않지만
볼수록 귀엽다. 은근히 중독된다. (사진 출처: 웨이신)

능한 날씬한 몸은 또래 친구들 사이에서는 가장 뜨거운 공통 관심
사 중 하나다. 대부분의 아가씨들은 언제나 다이어트 중이고, 플라
잉 요가나 시클로처럼 새로 생긴 운동을 접할 수 있는 시내의 모
피트니스 센터는 잘 나간다는 젊은 언니들에겐 성지와 같다.

하지만 이들이 늘 다이어트 중이지만은 않다. 세계 최고의 음식
문화를 자랑하는 중국이다. 훠궈처럼 자극적인 매운 맛은 젊은 층
을 중심으로 새롭게 다시 뜨고 있다. 맵고 칼로리 높은 마약 같은
음식이지만, 낮에 다이어트 하던 친구들이 훠궈 앞에서는 대동단
결, 부어라 마셔라 하면서 너무 즐겁다.

그런데 이런 이야기들을 중국 친구들과 하다 보면, "이게 꼭 중국 젊은이들에게만 해당되는 이야기야? 우리나라 젊은이, 일본의 젊은이, 아니 미국의 젊은이는 다를까?" 하는 의문이 든다. 어쩌면 선택의 대안이 무한대로 많아진 현대 사회 젊은이들의 공통된 특징이 아닌가 싶기도 하다.

차이가 있다면 중국은 다양한 지역과 민족, 유구한 역사로 인해 선택지가 훨씬 다양하다는 점이다. 하다못해 요리만 해도 북쪽 음식, 남쪽 음식, 동쪽 음식, 내륙 음식의 재료와 조리 방식이 다 다르니 탐닉의 범위가 엄청나게 넓다. 역사 스토리만 해도 다양한 시대와 개성적인 인물들이 워낙 많아서 게임 콘텐츠도 더 풍부하게 즐길 수 있다. 역사 속 철학, 역사 속 예술, 역사 속 시인을 소환해도 왠지 엄청난 인물들이 번호표 뽑고 기다리는 상황처럼 보인다. 정말로 남다름과 자신만의 개성이 전 세계 젊은이의 공통적인 희망 사항이라면, 이의 밑 재료 측면에서는 일단 중국 젊은이들이 매우 유리하다 할 것이다.

05
'독수리보다 기러기' 현상:
하급 도시 90호우

이제 중국 마케팅의 화두는 3, 4선 하급 도시 거주자

중국 전체를 보면 도시가 400개가 넘는다고 한다. 그래서 이들을 효과적으로 분류하기 위해 1선, 2선, 3선 등 몇 '선' 식으로 분류하는 개념이 생겼다. 한국에는 없는 개념이고, 도시 이름들도 생소해서 처음에는 매우 헷갈렸다.

중국 정부에서 정한 공식적인 분류도 아니고, 외국에서 들어와 기업 마케팅 하는 사람들이 편의적으로 구분한 것이다 보니 주체에 따라 분류도 약간씩 달랐다. 여하간 그럴듯한 근거를 갖고 있어서 중국 본토 사람들도 딱히 '아니다'라고 우기지는 않는 것 같았다.

2013년 중국 언론사인 〈제일재경주간〉에서 발표한 결과 기준으로 이야기하면, 1선 도시는 북경, 상해, 광주, 심천 '빅4'를 포함해 15개 도시를 가리킨다. 대략 인구 2천만 명 이상, 일인당 소득 수준 1만 달러 이상으로 추정된다. 2선 도시는 하얼빈, 옌타이 등 우리도 어디선가 들어본 듯한 도시들이 대부분이 포함되는데 그 숫자는 36개 정도로 본다. 3선 이하 도시로 내려가면 사실 한국인이 알 만한 도시는 몽골 변방의 우루무치 정도가 아닐까? 3선 도시는 73곳, 4선 도시는 76곳이라고 하니 중국인들조차 모르는 도시도 많을 것이다.

순수하게 숫자로만 계산할 경우 1, 2선 도시 거주자를 제외한 나머지 인구를 모두 합치면 대체로 7억 명 이상의 인구가 잡힌다. 이들은 일반적으로 경제력이 높지 않아 수입 고가품 구매 여력이 안되고, 대도시 유통과 달리 작은 소매점 위주의 유통으로 품이 많이 가다 보니 기업 입장에서 그다지 매력적인 시장은 아니었다.

하지만 1, 2선 도시의 마케팅은 글로벌 브랜드 간 지나친 경쟁으로 힘들어지고, 3, 4선 도시의 경제력이 서서히 상승하면서 이제 중국에서 마케팅을 하려면 3, 4선 도시를 공략하기 위한 별도의 전략이 필요하다는 이야기가 대부분의 회사에서 공공연히 흘러나

오고 있다. 하지만 워낙 넓은 면적에 인구들이 흩어져 있기 때문에 소비자 이해와 유통 측면에서 글로벌 회사들은 효율성과 기동력이 떨어질 수밖에 없다. 그러다 보니 친숙한 로컬 브랜드들이 인지도와 신뢰감으로 사업을 하고 있는 '중국 안의 중국'으로 불린다.

그들은 우리가 알던 중국 젊은이와 다르다

그동안 하급도시 소비자에 대해 알려진 바는 '보수적이다', '국산 브랜드를 선호한다', '라디오 청취, 음악 듣기를 좋아한다' 등 매우 단편적이고 지엽적인 정보가 대부분이었다. 특히 이 도시에서 살아가는 젊은이들에 대해서는 더욱 어떤 사람들인지 감을 잡기가 매우 어려운 것이 사실이다. 하지만 아무리 하급 도시에 있더라도 젊은이는 젊은이다. 이들 역시 스마트폰 사용을 좋아하고, 젊은 층이 즐기는 엔터테인먼트 문화를 나름의 방식으로 소화하고 있다. 특히 최근에 오포, 비보 등 중국산 스마트폰 브랜드들이 3, 4선 도시 지역의 젊은 층을 집중 공략함에 따라, 이들의 가치관이나 라이프 스타일 관련 자료가 조금씩 나오고 있다.

활용 가능한 중국 내 자료들에 따르면 이들은 개인의 성공보다는 가족과 여유 있는 시간을 갖는 것을 가장 가치 있는 것으로 꼽는다. 대도시에서 경쟁에 시달리면서 끊임없이 뭔가 새로운 것을 성취하려고 하는 삶보다는 여유를 가지고 하루하루를 편안하게 즐기는 삶을 더 선호한다. 내 생각을 주장하기보다는 주변의 의견을 귀담아 듣는 성향이 강하다. 남들이 안 하는 것을 해서 튀는 것보다는 안전하고 검증된 길을 걷는다. 온라인 쇼핑도 하지만, 스마트폰처럼 고가의 제품으로 가면 안전한 오프라인 매장을 선호한다. 물건을 사기 전에는 실제 매장에서 제품을 경험해 보고 사는 비중이 훨씬 높다. 앞서나가는 기능, 남들이 안 가진 기능을 가진 눈에 띄는 제품보다는 기본 기능을 잘 갖춘 가성비 높은 제품을 좋아한다.

안전한 무리 속 기러기가 되기를 원하는 이들

보통 우리가 묘사하는 중국의 젊은이는 글로벌 강대국으로 성장하는 국가에 대한 애국심, 든든한 조부모, 부모의 지원 하에 경제적 낙관주의를 갖추고, 전문직을 갖던 창업을 하던 미래를 향한 야심에 눈을 불태우는 그런 모습이다. 무리 속에서 멋지게 홀로 비상하는 '독수리'처럼 남다른 사람이 되고 싶어 하는 그런 야심가 말이다.

하지만 여기 정반대의 젊은이가 있다. 고향에서 부모님을 모시고 살면서 큰 욕심 없이 안정적인 자리를 찾아 일찍 취업하고, 비슷한 처지의 동향 사람과 결혼하고 빨리 아이를 낳는다. 가족과 보내는 시간이 너무 소중하고 일찍 퇴근해 어릴 적 친구들과 술을 마시거나 운동을 한다. 가정생활을 즐기고 주말이면 근교에 나가 자연을 즐기면서 거닌다.

중국인들은 이를 칭해 '기러기'라고 한다. 무리에 섞여 줄을 지어 한 방향으로 날아가는 기러기 말이다. 이들은 나만의 것을 고집하고 튀기보다는 많은 사람들이 검증한 안전한 길로, 무리 지어 조용히 날아가려고 하는 젊은이들이다. 물론 그중에는 대도시에 진출해 한동안 쪽방에서 박봉을 받으며 고생을 하더라도 물질적·사회적 야심을 채워보리라, 도전해 보리라고 결심하는 사람들도 있을 것이다. 하지만 돈이 돈을 버는 자본의 논리가 점점 확고해지는 중국에서도 그러한 기회의 사다리는 점차 줄어들고 있음은 자명해 보인다.

헛소리 말고 기본 기능에 충실하라

3, 4선 도시 젊은이들에게 가장 효과적인 마케팅이란 어떤 것일까?

주변의 중국 친구들은 이구동성으로 스마트폰 중에서는 오포와 비보, 식품 중에서는 레이스의 마케팅을 가리킨다. 우리로 치면 아마 10여 년 전에 이효리를 모델로 삼아 한창 주가를 올리던 애니콜과 비슷하다고나 할까?

당대에 가장 잘 나가는 연예인을 대표 얼굴로 내세워 멋진 광고를 찍고, 엄청난 물량을 투입해 TV, 극장, 아웃도어에 도배를 한다. 잘 나가는 TV 프로그램과 영화에 PPL을 한다. 유통점의 디스플레이를 산뜻하게 젊은 층 입맛에 맞게 바꾼다. 그리고 광고는 매우 감각적으로, 메시지는 단순하게 간다. 가장 성공적이었다고 꼽히는 오포 R7 광고의 경우 '5분 충전, 2시간 통화'라는 더 이상 설명이 필요 없는 메시지로 모든 매체를 도배했다.

유통과 자금력을 갖춘 자에게는 매우 단순한 게임이다. 하지만 중국 내 인지도와 기반이 약한 외국 브랜드에는 어려운 길이다. 분명한 건 그들에게 다가가기 위해서는 지금까지와는 다른 새로운 도로를 닦아야 한다는 것이다. 이제 겨우 연안 지역 대도시 중심의 마케팅 체계를 갖춘 글로벌 브랜드에게 내륙 지방, 중소도시로 가는 길은 분명히 새로운 도전이 될 것이다.

06
'금욕주의 원로 간부' 현상:
욕심 없는 90호우

최근 중국 젊은 층에게 인기를 끄는 원로 간부 캐릭터

중국판 〈나는 가수다〉에 출연해서 한국에서도 어느 정도 인지도가 있는 '이건'이라는 가수가 있다. 부리부리한 눈매에 차분하게 노래도 잘하고, 연예인답지 않게 반듯한 생활 태도로 유명하다. 중국 최고의 이공계 대학이라고 칭해지는 칭화대 출신이라는 점도 그에 대한 매력 지수를 올려준다. 바로 이 사람이 요즘 90호우가 좋아하는 인물형 중 하나인 '금욕주의 원로 간부'의 대표 이미지라고 한다.

비록 이건 본인은 90호우 세대는 아니고 좀 더 나이가 많지만, 그의 인생관과 생활을 대변하는 짧은 글을 살펴보면 90호우가 좋

생각과 생활이 반듯한 사람의 대명사, 이건.
(사진 출처: 공식 유튜브 캡처)

아하는 원로 간부의 이미지를 좀 더 구체적으로 파악할 수 있다. "생활이 단순하고 인간관계도 복잡하지 않고 주기적으로 운동하고 집에서 커피 마시고 피아노 치고 책 읽는 것을 즐기고 작은 것들로 부터 행복을 느낀다." 왠지 '이제는 돌아와 거울 앞에 선 중년'에게 나 어울릴 듯한 말들이지만, 점점 더 많은 젊은이들이 이런 생활 태도에 공감을 표한다고 하니 조금은 의외다.

중국 젊은이들이 〈태양의 후예〉 송중기 캐릭터를 좋아하는 이유 도 이와 비슷하다. 물론 〈태양의 후예〉의 성공을 가져온 가장 큰 요소는 중국 드라마에서 보기 힘든 달달한 로맨스와 재치 있는 작업용 멘트들 덕분이었지만, 주인공 캐릭터가 '겉멋 든 날라리가 아니라 반듯하고 사명감 있는 바른 직업인'이라는 점 역시 중국 젊은 이들로부터 더 큰 호응을 끌어냈다.

이런 스타일의 반듯한 젊은이들을 특징짓는 말로는 '심플하지만 퀄리티 있는 삶', '작지만 아름다운 체험' 같은 것이고, 인터넷 상으로도 경박하고 부정적인 댓글보다는 진지하고 긍정적인 댓글을 많이 다는 게 특징이라고 한다. 일본과 한국에서 일찌감치 시작됐고, 현재도 대세 중 하나인 "저성장 사회, 안빈낙도 하는 삶에 익숙해지자. 그냥 지금 이대로 받아들이고 즐기자"라는 트렌드가 여기서도 감지된다.

두 자리 수로 쑥쑥 성장하던 중국의 경제 성장률이 최근 꺾이기도 했고, 금수저를 타고난 부자 친구들(富二代, 푸얼따이)이 상대적으로 더 좋은 기회를 잡는 현실들을 보면서, 젊다고 마냥 철없이 큰 꿈을 꾸기보다는 다소 보수적으로 정신적인 풍요로움과 안정, 실현 가능한 꿈과 소소한 일상의 즐거움을 누리려는 층이 생겨나고 있다는 의미다. 이들은 자본주의 무한 경쟁 하에서 외적인 것을 쫓다가 쌓이는 극심한 스트레스를 회피하고 진정으로 내가 원하는 것에 집중한다. 따라서 타인의 인정을 받기보다는 스스로 만족을 얻을 수 있는 정신적 수양이 더 강력한 키워드가 되겠다.

•
〈띵꺼롱뚱치앙〉은 한국 연예인들도 출연해
공연을 했을 정도로 인기가 많은 프로그램이다.
(사진 출처: 웨이보)

••
〈계승자〉는 중국의 전통 장인들을 알리는
프로그램으로 젊은 층의 많은 인기를 얻었다.
(사진 출처: 공식 유튜브 캡처)

전통문화를 젊게 되살리다

또한 이들은 '젊은 층 = 과거와의 단절'이라는 기존의 보편적인 관념을 넘어서 중국의 전통적인 가치를 현재에 다시 생동감 있게 되살리는 매우 긍정적인 역할을 담당한다. 서양에서 유래한 밸런타인데이보다 견우와 직녀의 전설이 살아 있는 7월 7일 칠석제에 더 많은 소비를 하고, 전통 중국 의상인 치파오를 신선하고 아름다운 것으로 받아들이면서 적극적으로 수용하려는 면모를 보이는 식이다.

나름대로 하나의 추세를 형성하는 이 힘을 업고 CCTV에서도 중국 전통극이 새롭게 선을 보였다. 〈띵꺼룽뚱치앙(叮咯咙咚呛)〉은 인기 연예인들이 중국 대표 전통극인 경극, 월극(절강 지역의 전통극), 천극(사천 지역의 전통극)의 예술대가한테 배우고 무대에서 연출하는 내용을 담고 있다. 이 프로그램은 전통 예술대가와 젊은 연예인들이 콜라보레이션하는 형식으로 전통을 알리는 새로운 방식을 개척했다고 평가받으며, 의외로 젊은 층의 호응을 얻었다.

전통 예술 장인을 소개하는 프로그램인 〈계승자(传承者)〉도 인기였다. 전통 예술가들이 연출하고 젊은 층과 중견 예술가들이 평가하는 방식으로 민간 예술과 전통 예술 장인들을 알리는 프로그램이었는데, 젊은 층에서 오히려 큰 화제를 모았다.

옛날 옛적 중국을 연상케 하는 변검 할아버지를 등장시켰다가 의외로 큰 인기를 모은 2016년 펩시콜라 춘절 광고 역시, 중국 전통문화가 젊은 층에게 쿨하게 받아들여지는 하나의 좋은 사례로 이야기된다.

엔터테인먼트도 의미 있게

그런가 하면 3~4년 전만 해도 방문하는 사람이 없어 줄줄이 문을 닫던 서점들이 다시 젊은 층들의 각광을 받으면서 휴식, 데이트의 핫 플레이스로 거듭나고 있는 사례도 많다. 물론 타깃의 성향을 세분화해서 적극 반영한 서점들의 기획력 덕분이기는 하지만, '여성만을 위한 서점',이라는 테마로 여성들이 좋아하는 문학, 라이프 스타일 책들을 전시하면서 따뜻하고 밝은 인테리어로 편안한 휴식처를 제공하는 경우도 있고, 영화를 테마로 한 서점들도 있다.

느림과 여유의 시간을 즐길 수 있도록 고안한 서점도 인기다. '고양이의 천공의 섬'이라는 서점은 편안한 마당에서 책 하나 들고 친구들과 즐길 수 있는 콘셉트가 특징인데, 여행·예술·문학 관련 책과 잡지만 판매한다.

•
상해에 위치한 여성만을 위한 서점인 '大众书局(대중 서점)'
내부 전경. 주소: 上海龙华中路602号正大乐城广场二楼

••
항주 시에 있는 '猫的天空之城(고양이의 천공의 섬)' 서점.
주소: 苏州市姑苏区平江路25号.

음악에서도 중국풍, 클래식, 복고음악이 새롭게 조명을 받고 있다. 우리에게는 20년 전 영화 〈천녀 유혼〉을 연상시키는 중국풍 노래 〈젠주렌(卷珠帘)〉이 큰 인기를 끌면서 '2015년 베스트 가요'로 뽑혔고, 2015년 Top 10 앨범 중 2개는 클래식 스타일 앨범 〈이건(李健)〉과 〈그렇다(如也)〉가 차지하고 있다. 중국의 인기 뮤직 앱 '왕이 뮤직(网易云音乐)'에서도 클래식 연주자들이 꾸준히 인기를 얻고 있으며, 그중에서도 〈생활은 고달픔뿐만 아니다(生活不止眼前的苟且)〉라는 복고풍 노래는 출시 이틀 만에 위챗 모멘트에서 큰 화제를 일으키고 다운로드 1위로 부상하기도 했다.

책과 음악에 이어 중국의 지난 역사와 옛 문화에 대해서도 새로운 관심이 늘고 있다. 역사, 문학 관련 대가들의 평론 콘텐츠들이 온라인 동영상과 젊은이들이 자투리 시간을 이용하여 듣는 FM을 통해 인기를 얻고 있다. 심지어 돈을 지불하면서 찾아 듣는 사람도 점점 많아지고 있다. 그중에서도 가장 인기 있는 콘텐츠는 홍콩의 문학 평론가이자 작가, 교수인 량원도(梁文道)가 읽어주는 심야 독서 프로그램인 〈천일야화(一千零一夜)〉다. 중국 유명 화가이자 예술가 천단칭(陈丹青)이 들려주는 예술 프로그램 〈국부(局部)〉는 심도 있는 분석과 내용 때문에 두터운 팬 층을 형성하고 있다. 지식인 나진

2015년 Top10 앨범에 뽑힌 클래식 스타일 앨범
〈그렇다〉, 〈이건〉 앨범의 디스크 표지.

우(罗振宇)가 만든 앱 〈득도(得到)〉에서는 중국의 유명 학자와 문화
인들이 역사, 문화에 관련된 콘텐츠를 FM 형식으로 전달하는데 총
529만 명의 구독자들 중 대부분은 돈을 지불하고 듣는다고 한다.

한편 스타 연예인이 출연하지 않은 저예산 영화와 다큐멘터리가
진지한 젊은 층에게 인기를 얻어 흥행을 하는 경우도 생겼다. 그중
에서도 인간의 본성을 다룬 영화 〈마음의 미궁(心迷宫)〉은 신입 감
독이 제한된 예산으로 무명 배우들을 데리고 제작한 영화임에도
불구하고 수준 높은 내용과 뛰어난 연출로 입소문을 타면서 천만

흥행을 이룬 것으로 유명하다. 티베트 젊은이들이 트레닝을 거쳐 등산 가이드가 되어 히말라야산맥을 등반하는 과정을 다루는 다큐멘터리 〈히말라야 계단(喜玛拉雅天梯)〉은 제한된 극장 배급에도 불구하고 천만 흥행을 이루면서 화제가 됐다.

중국식 미니멀리즘 뚜안셔리(断舍离)

의미 있는 핵심에 집중하고, 생활은 간단하게 영위하는 미니멀 라이프가 뜨고 있다. 모든 것을 갖기 위해 힘들게 사는 것보다 필요한 것만 갖고 안분지족하면서 행복하게 살자는 것이다.

요즘 유행하는 '뚜안셔리(断舍离)'라는 단어는 "욕심은 자르고(断), 소유물은 버리고(舍), 관계는 떠난다(离)"는 뜻으로, 글로벌에서 유행하는 '미니멀리즘'의 중국식 표현으로 이해된다. 이것이 마케팅으로 확장되면 복잡하게 두루두루 다 갖춘 것보다 작지만 아름답고 세련된 소수의 제품에 집중하거나 아예 소유를 떠나 체험을 추구하는 형태로 나타날 수 있다.

『뚜안셔리(断舍离)』라는 제목을 단 책도 젊은 층의 관심을 끌었다. 중국의 대표적인 온라인 서점 땅땅(当当)에서 자기계발서 분야

〈천일야화〉, 〈국부〉, 〈득도〉, 〈마음의 미궁〉,
〈히말라야 계단〉. (사진 출처: douban.com)

6위까지 올랐다. 한 조사에 의하면, 84%의 중국 도시 사람들은 미니멀 라이프 스타일을 선호하며, 이 중에서도 특히 풍요로운 생활에 부담이 큰 20대 젊은이들이 더 많은 호응을 보인다고 한다.

일본 브랜드 '무인양품(Muji)'은 중국에서도 인기가 많다. 북유럽풍의 단순한 가구, 면과 마 재질의 간결한 의상, 심플한 디자인 제품이 다양하게 진열된 매장에 가보면, 일반적으로 화려한 컬러와 눈에 띄는 디자인을 선호하는 중국인들보다는 한 단계 톤 다운된 옷을 입은 젊은 남녀들이 많이 눈에 띈다. 확실히 인구가 많다 보니 취향도 다양하다. 이러한 브랜드의 철학을 담은 책도 출간되었고, 이들이 가지고 있는 친환경 디자인, 라이프 스타일은 굉장히 앞선 생각과 생활로 인식되면서 의식 있는 중국 소비자들의 공감을 얻어 선호를 받고 있다.

최근에 중국 관련 기사 하나를 읽었다. 일본 게임회사 히트포인트가 개발한 모바일 게임 '타비카에루(여행 개구리)'가 중국 청년 사이에서 인기라는 거다. 게임은 단순하다. 사용자는 세 잎 클로버를 수집한 뒤, 그 세 잎 클로버로 여행 장비를 교환한다. 그리고 일본 방방곡곡 여행을 떠나는 개구리에게 여행 짐을 꾸려주고 도시락을 챙겨준다. 개구리는 어디로 떠나는지, 언제 돌아오는지 알려

타베카에루 게임. 심플하고 소소하다.
(사진 출처: sohu.com)

주지 않은 채 여행을 떠난다. 몇 시간 외출이 되기도 하고 장기 여행이 되기도 한다. 개구리는 가끔 여행 사진이나 기념품을 사서 돌아와 사용자에게 소소한 기쁨을 선사한다. 이 게임이 중국 애플 앱스토어에서 다운로드 390만 건을 기록하며 200만 달러(약 21억 원)의 매출을 올렸다고 한다.

성공의 비결은 뭘까? 단순한 플레이 방식, 심플한 화면에 다른 게임처럼 순위에 집착하지 않아도 되는 점이 매력적이라고 한다. 또 미세하지만 개구리가 보내온 엽서 속 풍경이 계절마다 바뀌고, 상황마다 미묘하게 달라지는 걸 찾아내는 것도 이용자에겐 소소한 행복이라고 한다. 크게 경쟁적이지 않고 담담한 즐거움, 또한 단순하지만 디테일을 놓치지 않는 작은 재미가 이 게임의 특징이다. 이런 것들은 앞서 얘기한 젊은 원로 간부 현상과 맥을 같이 하고 있다. 이런 젊은이가 멀리 있는 것만은 아니다.

작년 말에 20대 직원 한 명이 갑자기 그만둔다고 해서 이유를 물어보았다. 일은 재미있지만 너무 경쟁이 치열한 대도시 생활이 싫어졌다고, 고향에 돌아가 부모님 곁에서 살면서 가족도 꾸리고 저녁에 피아노 치고 주말에 사진 찍으러 다니면서 살고 싶다고 했다. 이제 보니 그 친구도 이 '젊은 원로 간부' 중 하나였나 보다.

07

새로운 중국, 계속되는 세대 실험: 00호우

한국에는 뽀통령, 중국에는 시주석

태어나 보니 21세기 중국, 부모는 80호우다. 잊고 싶은 과거가 되어 버린 19세기, 20세기 중국은 이미 지나갔다. 새로운 중국의 태동과 함께 자란 경제력, 실력, 문화적 콘텐츠를 갖춘 부모의 든든한 지원도 있다. 아직 두 자녀 갖기가 허용되지 않은 2000년대에 태어났으니 여전히 독생자녀다. 부모와 양가 조부모의 관심과 사랑이 한 몸에 쏟아진다. 어릴 때부터 외제 분유를 먹고, 고가 유모차와 레고 장난감을 갖고 놀았다. 물질적 풍요는 기본이 되었다. 영어 교육에, 음악, 그림, 발레 같은 예술 교육도 배웠으며, 문화적 소양을 쌓기에도 부족함이 없었다. 가족의 부가 생기면 그것이 자녀에게 물리는 것은 동북아시아 문화권의 어쩔 수 없는 인지상정인 듯하다.

중국 아이들의 세계를 이해하기 위해 그들이 좋아하는 애니메이션을 한번 보자. 그전에 알아야 할 것은 중국에서도 이제 캐릭터나 애니메이션이 단순히 TV뿐 아니라 인터넷, 극장, 만화책 등 다양한 미디어를 통해 노출되고, 많은 가정에서도 이를 적극적으로 즐긴다는 점이다. 중국 정부 역시 가만히 있지 않았다. 문화산업에 애니메이션, 만화 부문을 포함시키고 산업에 대한 투자도 지원하면서 TV 황금 시간대에는 중국 자체 제작 애니메이션 방영을 의무화시켜 자국 콘텐츠 성장에 적극적으로 나서고 있다.

그렇게 해서 최근에 탄생한 국민 애니메이션은 2가지가 있다. 첫 번째 포문을 연 것은 〈시양양과 후이타이랑(喜洋洋与灰太狼)〉이다. 즐거운 양과 다크한 늑대의 조합인데, 특히 '즐거운'이라는 의미의 '시(喜)'가 마침 시진핑 주석의 '시(习)'와 발음이 같아서 '아이들 사이의 주석'이라는 의미로 '시주석'이라고 불리기도 한다. 한국에서 뽀로로가 뽀통령으로 불리는 것과 같은 이치다.

이 캐릭터는 전형적인 선악의 대치구도를 이루고 있다. 지혜롭고 용감한 시양양과 예쁘고 착한 메이양양, 잠꾸러기에 식탐 많은 란

양양, 낙천적이면서 유머감각 넘치는 후이타이랑에 괴팍한 성격을 가진 홍타이랑까지 각각의 역할을 맡고 있다. 부르기 쉽고 따라 할 수 있는 이름과 주제곡, 대사를 특징으로 하며 신발, 가방, 도서, 식품, 보온병, 의류 등 파생 제품을 만드는 기업만 500개가 넘는다고 하는 가히 '국민' 캐릭터다.

두 번째로 중국 국산 캐릭터의 영역을 한층 더 넓힌 것은 〈곰 출몰(熊出没)〉이라는 애니메이션에 등장하는 곰들이다. 중국인들이 '양족의 몰락과 곰족의 궐기'라고 우스갯소리를 할 정도로 조금은 더 어른스러운 캐릭터로 아이들뿐 아니라 같이 시청하는 엄마, 아빠까지 집중하게 만드는 묘한 매력을 가지고 있다.

대결의 구도도 사실 굉장한 사회적 이슈를 담고 있다. '삼림 파괴꾼과 삼림 보호 곰 형제'의 이야기가 바탕을 이루고 있는데, 특히 이 곰 형제 캐릭터는 영웅의 모습을 버린 완벽하지 않은 모습으로 의외의 재미를 주고 있다. 다소 못생기고, 사투리를 쓰고, 음식은 매우 게걸스럽게 먹는다. 삼림 파괴꾼 대머리 광씨의 캐릭터도 재미있다. 너무 똑똑해서 머리를 지나치게 굴리다가 일을 그르치는 역할이다. 어른 세계의 풍자 같기도 하고, 이걸 어떻게 아이들이 이해하나 싶기도 한데 그럼에도 불구하고 중국 00호우 사이에서 대단

• 시양양과 후이타이랑. 순수 중국 애니메이션 콘텐츠다. (사진 출처: 공식 홈페이지)

•• 〈곰 출몰〉 애니메이션에 등장하는 곰 캐릭터들. 상당히 어른스럽다. (사진 출처: 공식 홈페이지)

한 인기를 끌고 있다. 이 캐릭터 역시 도서, 장난감, 과자, 가방, 음료, 퍼즐 등에서 사용하고 있고, 심지어는 건설 자재에까지 등장했다고 하니 이는 엄마, 아빠 세대의 인지도와 선호도를 보여주는 것이 아닌가 싶다.

그외에 조기 교육을 위한 에듀테인먼트의 일환으로 잘 활용되고 있는 캐릭터들도 있다. 해외 캐릭터들이지만 중국에서 사랑받는 캐릭터들이다. '도라'는 영어 영역에서, '호비'는 수학, 과학상식 교육을 맡아 80호우 부모들의 사랑을 받고 있다. 초등 고학년이 되고 머리가 굵어져 본격 일본 애니메이션을 찾기 전까지, 12세 미만의 중국 어린이 세계는 이런 다양한 캐릭터들로 채워져 있다.

우주 굴기, 해양 굴기의 미래 주역

이번에는 아이들의 미래, 꿈과 같은 건설적인 방면으로 어떤 특징이 있나 들여다보자. 달나라 탐험, 우주여행, 신비의 해양 탐구 같은 것은 예나 지금이나 아이들이 가장 좋아하는 분야 중 하나다. 1969년에 미국이 쏘아 올린 아폴로 호를 타고 간 닐 암스트롱이 달 표면을 걷는 영상이 당시 모든 한국 어린이의 뇌리에 각인된 것처럼 말이다. 하지만 중국은 다르다. 자국의 우주선과 잠수정 이야기가 있다.

중국 어린이들이 좋아하는 '션저우티앤샹, 자오룽샤하이(神舟上天, 蛟龙下海)'라는 말이 있다. "하늘에는 션저우 호가 있고, 바다에는 자오룽 호가 있다"는 뜻이다. 션저우 호는 중국 고대신화에 나오는 이름으로 '신의 배'란 뜻을 가진 중국의 유인우주선이다. 션저우 5호는 일찍이 2003년에 미국, 러시아에 이어 세계 3번째로 발사된 유인우주선이다. 심지어 2012년에 발사된 션저우 9호는 인공위성인 텐궁 1호와 우주 도킹에 성공했다.

우주 탐험 노력은 당시 국가의 국력과 정확히 비례한다. 20세기 중반 잘 나가던 러시아에 이어, 중후반부터는 세계의 수호신 미국이 우주 탐험을 주도했다. 하지만 이후 경제력이 급락한 러시아는 핵심 우주기술을 다른 나라에 공식적으로 넘기거나 관광자원으로 활용하는 상업화의 길로 들어섰고, 더 이상 기술개발에 투자할 여력은 보이지 않는다. 미국 역시 경제적 활력을 잃은 최근 10년간 우주 탐험과 관련해 이렇다 할 진척을 보이지 못하고 있다.

미국과 러시아가 빠진 현재 우주 탐험의 대세는 중국이 주도하고 있다. 2022년 독자적인 우주 정거장을 만들겠다는 의지를 천명하

•
중국의 유인우주선 션저우 9호의 발사 모습.
(사진 출처: www.nhnews.com.cn)
••
심해를 탐사하는 중국의 유인잠수정 쟈오롱 호.
(사진 출처: 바이두)

고, 지속적으로 대규모 투자를 진행하고 있다.

쟈오룽 호는 중국이 자랑하는 유인잠수정의 공식 명칭이다. '쟈오룽'은 원래 홍수를 부른다는 중국 전설상의 동물 이름이라고 한다. 2013년을 기준으로 전 세계에서 심해를 탐사하는 유인잠수정을 보유한 국가는 미국, 프랑스, 러시아, 일본, 중국 5개 국가뿐이다. 그리고 현재 중국은 세계 최저 해양 입수 기록(7062.68미터)을 가지고 있기도 하다.

이런 사실은 어른들에게도 자부심을 느끼게 하지만, 더 민감한 것은 아이들이다. 이를 소재로 과학박람회 부스가 꾸며지고, 이를 모티브로 한 그림 대회가 열리기도 한다. 우주선과 심해로 뻗어 나가는 잠수정에 자국의 국기가 걸려 있는 것을 자연스럽게 지켜보며 자란 중국 어린이들은 얼마나 복이 많은지. "우주인이 되겠다"라는 꿈을 밝히면 세상 물정 모르는 철없는 어린이로 여겨지는 한국 사회가 떠올라 조금 쓸쓸하기도 하다.

어릴 때부터 의사결정 과정에 참여

중국에서 나오는 00호우 관련 리포트를 보면, 공통적으로 '조숙함'

내지는 '가정 내 의사결정권 상승' 같은 내용이 담겨 있다. 이전과 달리 민주적인 젊은 부모들이 자녀의 의견과 취향을 존중하다 보니, 물건 구매나 다양한 집안 전반의 의사 결정 과정에 아이를 참여시켜 상의하면서 결정한다는 것이다.

2017년 한 조사 결과에 따르면 장난감은 당연히 70% 이상이 아이가 단독으로 혹은 부모와 의논 후 결정하고, 의류와 책, 영상문화 작품은 80% 이상 아이가 결정하며, 심지어 가족 여행이나 외식을 결정할 때도 자녀의 영향력이 60% 정도는 된다고 한다. 따라서 가족용 이벤트를 기획할 때도 부모뿐 아니라 아이의 취향도 많이 고려해야 하는 것이 기본 상식이 되었다.

아이들의 미래 경쟁력을 위한 부모들의 사교육 열풍 역시 만만치 않다. 미래 사회에 가장 중요한 자질이 창의력이라는 데에는 한국 부모와 중국 부모의 의견이 다르지 않다. 아이 하나 키우기 위해서 교육비만 2, 3억 원이 든다는 것 역시 한국 부모들만의 고민은 아니다. 중국 부모들도 아이들이 어릴 때부터 영어 공부를 비롯한 각종 예술 공부 등에 투자하고, 체험학습을 위해 주말마다 각종 박람회, 전시관 등을 찾는다.

나쁘게 말하면 '무분별한 교육 광풍'이지만, 좋게 보면 '미래를 위한 빈틈없는 소질계발'이다. 하지만 여자아이의 미술적 소양을 키워준다며 화려한 옷치장과 현란한 색조 화장을 말리지 않고 오히려 SNS상에 자랑을 한다든지, 잡지사에서 개최하는 멋진 아이 선발대회에 나가게 한다든지 하는 모습들은 좋아 보이지만은 않는다.

아직 판단력을 갖추지 못한 아이들이 생각의 깊이보다는 자극적인 상술에 더 이끌리는 것은 당연하다. 아이들의 마음을 다치지 않게 하려고 너무 오냐 오냐 키워서 자생력을 잃어버리는 것 아니냐는 비판은 중국인 부모들 사이에서도 나오는 이야기다.

원하는 것은 대부분 사줄 수 있는 든든한 경제력과 차고 넘치는 상업적 콘텐츠, 아직 그 수위와 한계가 정확하지 않은 '민주적인 좋은 부모' 사이에서 중국의 00호우 역시 새로운 세대 실험을 계속하고 있는 듯하다.

3장

일 년 캘린더로 살펴보는
중국 마케팅

한국에서는 명절에 대한 감도가 갈수록 떨어지는 것 같다.
설, 추석, 크리스마스에 대한 사람들의 관심은 점점
줄어들고 기업들의 마케팅도 예전 같지 않다.
경기 탓도 있겠지만 시류에 휩쓸린 소비보다 개인주의적
소비 경향이 더 높아지는 탓이다. 하지만 중국은 그렇지 않다.
춘절, 국경절 같은 주요 기념일 마케팅은 여전히 뜨거우며,
심지어 브랜드에서 만들어낸 유사 명절조차 폭발적인 참여율로
재미를 보고 있다. 평소에 못하던 것을, 날 잡아서 다 같이
재미있게 즐기면서 혜택까지 누릴 수 있다고 하니 중국인들은
마다하지 않는다. 눈치 빠르게 잘 활용하는 이가 더 많은
과실을 누릴 수 있는 좋은 기회다.

01
꽤나 치밀한 중국의 데이 마케팅

춘절로 대표되는 '전통 명절'

중국에서 데이 마케팅이 뜨고 있다. 구실만 있으면 어떻게든 마케팅의 장을 펼치는 타고난 장사꾼 중국인이 시즈널리티라는 좋은 기회를 놓칠 리가 없다. 중국에서 마케팅에 활용하는 '데이'들을 세어보면 일 년에 대략 30여 개, 2주당 하나 정도 된다. 유형은 대략 4개 종류로 크게 나뉜다.

중국에서 가장 중요하며 대부분의 중국인들이 나이, 지역을 막론하고 다 함께 즐기는 명절은 춘절(우리의 설날)이다. 하지만 맹목적으로 예전 전통을 유지하는 고루한 명절이 아니라 요즘 젊은 사람

	Description	Youth Target	Family Target
원단(양력 1.1)	중국의 양력설. 섣달 그믐날 가족들이 모여 새로운 해의 시작을 축하하며 폭죽을 터뜨림.		
춘절(음력 1.1)	중국의 음력설. 온 가족이 함께 모여서 새해를 같이 맞이하고 퇀왠판(團圓飯)을 먹음.	★	★
청명절(양력 4.5)	24절기 중 5번째 절기로 조상의 묘를 돌보고 돈 모양의 종이를 태우는 풍습이 있음.		
단오절(음력 5.5)	초나라 시인 굴원을 기념하여 생긴 명절. 용선 경기를 하고 쭝(粽子)를 먹음.		
칠석절(음력 7.7)	견우와 직녀가 만나는 날로 연인들의 명절이며 중국의 밸런타인데이로 불림.	★	
중추절(음력 8.15)	중국의 추석. 보름달을 보며 수확을 기원하고 월병(月餅)을 먹음.		
중양절(음력 9.9)	노인절이라 불리며 노인들을 존경하고 관심을 갖는 날.		

들의 입맛에 맞게 현대화된 재미있는 현상들도 나타나고, 이를 마케팅에 활용하려는 노력도 활발하다. 주요 전통 명절을 표로 정리하면 위와 같다.

춘절은 연간 기념일의 여왕 같은 존재로 연휴도 1~2주 정도로 길고 가족 소비용 상품 구매나 선물 상품 구매도 많이 일어난다. 반면에 중추절은 그다지 중요하게 챙기지 않으며 연휴도 2~3일 정도로 짧고 선물 아이템도 월병 일변도라 다양하지 않다. 단일한 농경

민족이 아니어서 그런지 가을의 수확, 추수에 대한 고마움이나 온 가족의 화합의 의미는 크지 않다.

오히려 칠석절의 중요성이 갈수록 높아지는 모양새다. 견우와 직녀가 만나는 날이라는 스토리텔링에 서구에서 건너온 밸런타인데이 초콜릿 판매 상술에 놀아나지 않겠다는 의식이 가미되어 나름 의식 있는 젊은 층이 칠석절의 의미를 점점 더 풍부하게 만들어내고 있다.

국경절로 대표되는 '기념 명절'

기념 명절은 말 그대로 국가에서 공식적인 휴일로 지정된 날이고, 원래 있던 명절도 아니기 때문에 고유한 의미보다는 쉰다는 것 자체가 중요한 날이다. 따라서 날 자체의 특성보다는 그 즈음에 중국인들이 보이는 관심사에 따라 다양한 행사들이 펼쳐진다.

국경절은 중화인민공화국의 건국을 기념하는 날이다. 정부(공산당) 입장에서는 가장 중요한 의미를 부여하고 싶어서인지 휴가 날짜가 매우 길다. 보통 대체휴일 포함해 일주일의 시간이 주어지는데, 전통 명절처럼 가족을 챙길 일도 없으니 자연스럽게 장기 여행을

	Description	Youth Target	Family Target
부녀절 (양력 3.8)	여성의 날. 여자들을 위한 명절로 여성 직원들은 반나절 휴가를 누릴 수 있음.		★
노동절 (양력 5.1)	노동자의 권리를 보호하기 위해 설립된 날. 2008년부터 3일로 휴일이 짧아짐.		
청년절 (양력 5.4)	만14~28세 청년들을 위한 날로 청년들에 한해 반나절 휴가가 주어짐.		
아동절 (양력 6.1)	중국의 어린이날. 만 14세 이하 아동들에게 하루 휴일이 주어지고 보통 부모와 함께 나들이를 함.	★	★
건당절 (양력 7.1)	공산당 창립 기념일. 일반인들의 관여도는 높지 않음.		
건군절 (양력 8.1)	중국 인민해방군 창립 기념일. 일반인들의 관여도는 높지 않음.		
국경절 (양력 10.1)	중화인민공화국 건국 기념일. 일반인들은 건국행사(건국 60주년 등)에 관심이 많고, 정기 휴일 중 하나로 여행을 많이 다님.	★	★

가는 사람들이 많다. 게다가 날씨도 10월 초로 여행 다니기 딱 좋은 때라서 이래저래 금상첨화다.

　노동절은 노동자의 권익에 민감한 사회주의 국가를 표방한 만큼 역시 중요한 명절 중의 하나로 인식된다. 예전에는 국경절과 마찬가지로 일주일의 시간이 주어져 이웃나라인 한국이나 일본으로 여행을 떠나는 사람들이 많아서 '여행 특수기'로 인식되기도 했지만, 2008년부터 3일로 휴일이 짧아지면서 해외여행을 떠나는 사람들도 줄고, 그 중요도 역시 떨어지고 있다.

반면 우리나라의 어린이날에 해당하는 아동절은 점점 더 중요해지고 있다. 가족의 행복, 특히 그중에서도 자녀의 행복에 대한 관심도가 높아지는 자연스러운 경향에 더해, 의도적으로 가족 나들이와 소비를 장려하려는 국가적 의도도 있는 듯하다.

사회주의 국가에서 공통적으로 챙기는 부녀절 역시 중요도가 낮지 않다. 여성 직원들에게 이 날 반나절 휴가를 주며, 작은 선물을 챙겨주기도 한다. 이방인의 눈에 결코 중국 여성들의 인권이 낮아 보이지는 않았다. 그럼에도 불구하고 중국 공산당 회의 때 여성이 거의 보이지 않는 것, 그리고 기업체 고위 인사들 중에 여성이 아직 많지 않은 것을 보면 여전히 개선의 여지는 있나 보다. 국가에서 지정한 이런 기념 명절은 그 타깃이 매우 명확하기 때문에, 기업 입장에서는 마케팅에 활용하기 좋은 날들인 셈이다.

크리스마스로 대표되는 '외래 명절'

서양에서 중요하게 생각하는 풍습이나 이벤트 중에서 중국에서도 의미 있는 것으로 받아들여져 살아남은 외래 명절들은 그리 많지

	Description	Youth Target	Family Target
밸런타인데이 (양력 2.14)	연인들의 날. 꽃, 초콜릿, 영화관, 음식점 판매량 급증.	★	
만우절(양력 4.1)	젊은 층들에게만 많이 알려진 외래 명절.		
모친절, 부친절 (양력 5월, 6월 두 번째 일요일)	전에는 부모님께 직접 감사를 전하는 날이었지만, 요즘 들어 SNS에서 감사를 많이 표현함.	★	★
할로윈데이 (양력 10.31)	젊은 층 중심으로 코스프레를 하고 파티를 즐기는 날.		
크리스마스 (양력 12.25)	젊은 층을 넘어서 점점 많은 연령층으로 확장되고 있음.	★	

는 않다. 크리스마스, 할로윈데이 등은 종교를 인정하지 않는 중국의 특성상, 종교적인 색채는 쏙 빠지고 연말연시의 즐겁고 이국적인 파티 분위기만 남았다. 특히 크리스마스는 전체 소비자에게는 아니지만 젊은이들 사이에서는 무시하지 못할 영향력을 가지고 있는 날이다.

모친절과 부친절의 경우는 국가에서 지정한 휴일은 아니고 민간에서 알아서 챙기는 기념일이지만 가족주의 사고가 매우 강한 중국에서는 중요하게 여겨지는 날이다. 밸런타인데이는 한때 굉장한 인기를 끌었고 지금도 영향력을 행사하고 있지만, 외래 상술에 끌려 다니지 말자는 자정적 분위기도 나타나고 있다.

특정 기업이나 브랜드에서 인위적으로 만든 '유사 명절'

유사 명절은 말 그대로 기업에서 자사 마케팅을 위해 일부러 만든 가짜 명절이다. 한국으로 치면 '빼빼로데이'나 '삼겹살데이'인 셈이다. 그냥 하나의 제품군에서 한 것이면 규모가 크진 않았을 텐데, 주요 쇼핑몰 브랜드 별로 각자 데이를 만들고 대규모 할인 행사를

	Description	Youth Target	Family Target
여성절(양력 3.7)	3.8 부녀절은 아줌마들을 위한 날이라고 하는데, 대학교에서 유래된 젊은 여성들의 명절.		
파이데이(양력 3.14)	원주율(Π=3.14159...)에서 유래된 명절로 3월14일 15시 9분에 축제를 함.	★	
먹방절(양력 5.17)	'517'의 발음이 "我要吃"(나 먹을래)와 유사하여 만들어진 먹방들을 위한 날.	★	
정인절(양력 5.20)	'520'의 발음이 "我爱你"(사랑해)와 유사하여 만들어진 온라인 밸런타인데이.	★	
618(양력 6.18)	징동(京东)의 창립일로 쌍11절에 버금가는 징동의 온라인 쇼핑 축제.	★	★
남성절(양력 8.3)	남자들도 자기만의 명절이 있어야 한다 해서 3.8부녀절을 거꾸로 해서 만들어진 명절		
919(양력 9.19)	러쓰(乐视)의 팬(乐米)들을 위한 쇼핑 축제. 핸드폰, TV 등 제품 대폭 세일 판매		
귀요미절(양력 10.10)	"萌"(귀여움)자가 十月十日의 조합으로 되어 이날을 귀요미절로 칭함		
쌍11절(양력 11.11)	싱글데이로부터 중국 최대의 온라인 쇼핑 축제가 된 타오바오의 유사 명절	★	★

기획하니, 할인 쇼핑 찬스를 기다리는 소비자들에게는 그 파급력이 꽤 크다.

대표적인 것이 알리바바의 광군제다. 원래 11월 11일이 숫자적으로 외로워 보여서(혼자인 1이 연달아 있으니) '불쌍한 싱글들이 쇼핑하는 날'로 작게 시작했던 것이 지금은 미국의 블랙 프라이데이를 누르는 세계적인 쇼핑데이로 성장했다. 워낙 엄청난 규모의 경제가 받쳐주기 때문에 "중국이 하면 다릅니다"라는 우스갯소리가 실감이 나는 경우이다.

최근에는 인터넷 쇼핑몰 2위인 징동(京东)도 창립일인 6월 18일에 대대적인 할인 행사를 벌이고 있다. 소비자 입장에서는 여름 쇼핑은 징동에서, 겨울 쇼핑은 타오바오에서 몰아서 하면 매우 효율적인 연간 쇼핑 스케줄이 되는 셈이다.

02
중국 명절의 처음이자 마지막, 춘절

한국 4대 명절을 모두 합친 명절

중국에서 처음 1, 2년을 보낼 때는 춘절의 맛을 제대로 알지 못했다. 음력으로 한 해의 마지막 날인 춘절 전날, 밤새 온 시내가 자욱하도록 쏘아 올리는 축포의 소음으로 저녁에 잠을 제대로 자지 못하는 불편함은 오히려 사소한 것이었다.

식당이나 마트도 기본 일주일씩 쉬고, 일주일 뒤 다시 문을 열었다 해도 우유처럼 신선식품들은 다음 일주일 동안은 재고가 없을 정도로 온 나라가 생산과 배달을 멈춰버렸다는 느낌이 들었다. 게다가 회사 직원들이 보통 일주일, 거기에 앞뒤로 휴가를 붙여 2주일찍 쉬는 사람도 많다 보니 그런 문화에 익숙하지 않은 한국 본사와 현지 일을 진행해야 할 경우에는 양해를 구하기가 쉽지 않았다. 무엇보다도 집에서 일을 봐주던, 고향이 내륙의 아주 먼 도시였던 도우미 아주머니는 너무나 당당히 3~4주 동안 고향에 간다고 휙 가버려서 그 불편함은 이루 말할 수 없었다. 남의 나라 명절 맛을 내가 제대로 누리기도 어려웠고, 어디 여행을 가기도 어려웠다. 중국 국내는 인산인해일 것이 뻔했고, 해외여행을 가려고 해도 그 기간 동안 비행기 표 값이 2배로 껑충 뛰는 것이 예사였다.

나중에는 요령이 생겨서 춘절 장을 그야말로 잔뜩 봐놓고, 일주일간 리조트 온 셈치고 온 식구가 집에서 그냥 놀고먹는 걸로 버텼다. 어찌 생각해 보면 한국에서 이렇게 일주일 정도 공식적으로 아무것도 안 할 자유를 누릴 기회도 없는 셈이라 그냥 감사하게 생각하자고 마음먹으니 그것도 나름 즐길 만했다. 보고 싶던 책을 몇 권 쌓아놓고, 보고 싶던 영화도 몇 편 준비해두고, 나중에는 며칠 만에 완성할 수 있는 '따라 그리기' 그림 준비도 해봤다. 우리는 가야 할 고향도, 찾아뵐 부모님이나 친척도 안 계신 외국인이었으니 가능한 일이었다. 중국 현지인들이야 오랜만에 멀리 떨어진 고향에 가서 부모님과 친척들 챙기다 보면 일주일이 훌쩍 지나가겠지만 말이다.

그러다가 마침 춘절 광고 기획 업무가 생겨서, 최근 몇 년간 중국 내 춘절 광고를 모두 모아서 보게 되었다. 거의 100여 편의 광고물을 주르르 다 보고 난 후에야 '아하!' 하는 깨달음이 왔다. 중국인에게 춘절이란 한국의 추석, 설날, 크리스마스, 게다가 어찌 보면 개천절까지도 다 합친 정도의 의미가 있는 명절이었다.

풍요로운 일상에 대한 감사와 오랜만에 만나는 가족 간의 단합을 일깨우는 추석, 한 해를 마감하고 새로운 한 해를 여는 희망을 담은 설날, 어려운 이웃을 돌아보고 사랑과 정으로 사회 공동체를 돌아보는 크리스마스, 게다가 이런 모든 것을 가능하게 해주는 터전인 국가 공동체의 고마움을 떠올리게 하는 개천절의 느낌이 춘절에 담겨 있다. 여기에 더해 한 가지 더 특별한 느낌도 있다. 서양의 부활절처럼 긴 겨울을 보내고 새로운 봄을 맞이하는 축제의 느낌이다. 이름부터가 춘절, 즉 봄의 제전 아닌가. 춘절을 보내고 나면 바람의 세기도 완연히 달라지고, 뭔가 새로운 계절이 시작됨을 온몸으로 느낄 수 있다.

이런 기회를 기업들이 놓칠 리가 없다. CCTV에서 틀어주는 심금을 울리는 가족 스토리뿐 아니라 온갖 회사, 제품, 브랜드들이 앞다투어 감동과 재미를 담은 춘절용 광고를 내보내 중국은 거의 춘절

2017 삼성전자 춘절 광고, 새해 새로운 감동
(新年心感动) 캠페인. (사진 출처: QQ.com)

한 달 전부터 모든 매체가 붉은색 일색이 된다.

2017년 춘절을 보내고 중국 대표 메신저인 위챗에서 일반인들을 대상으로 '가장 공감이 가는 춘절 광고 사례' 조사를 진행해서 발표한 상위 10개 사례를 보면 대략 그 분위기가 짐작이 갈 것이다.

1위는 놀랍게도 삼성전자였다. 도시에 사는 손자가 시골 고향에 돌아오는 길에 할머니의 옛 고향에 들러 그곳의 춘절 풍광을 스마트폰으로 찍어온 후, 온 가족이 모였을 때 할머니께 VR로 체험하게 하는 내용이다. "정말 옛날이랑 똑같구나" 하고 감동하는 할머니와 흐뭇하게 지켜보는 손자의 모습을 담은 광고는 디지털 기술과 전통, 조손 간의 따뜻한 애정이 잘 녹아 있다는 평을 받았다.

2위는 초콜릿 브랜드 도브였다. 매년 감동적인 가족사랑 이야기를 담아서 전형적인 춘절 광고의 모범을 보여왔던 도브가 2017년에도 역시 엄마와 딸의 소소하지만 심금을 울리는 이야기로 많은 공감을 받았다. 3위는 QQ, 4위는 징동, 5위는 디디추싱 등 제품과 산업 영역은 다양해도 주제는 거의 동일하다. 가족과 옛 친구 이야기, 할아버지와 손주 간의 사랑 등이다. 심지어 감자스낵인 레이스조차 춘절에는 감자스낵을 활용해 가족을 위해 요리하는 손자를 등장시켜 가족 화합을 강조한다. 비슷비슷한 소재인데도 서로 용케 피해가면서, 매년 새로운 아이디어를 낸다는 것 자체가 정말 용하다 싶다.

1년 장사의 절반, 춘절 마케팅

모든 식품 장사는 춘절이 성수기다. 기본적으로 가족이 많이 모이고 그 기간 중에 식당과 마트가 쉬는 날도 많다. 평소보다 음식물을 많이 사서 보관해 놓아야 하는 상황이니 대량 구매가 일어날 수밖에 없다. 평소에 못 먹던 고가의 제품을 호기롭게 사기도 한다. '손님을 위해서'라는 핑계 아닌 핑계로 평소에 안 먹어보던 새로운 제품도 한번 시험 삼아 사본다. 이래저래 추가 구매, 상향 구매가 일어난다. 식품뿐만 아니라 연말연초 보너스 시즌에다 오랜만에 보는 가족 간 선물용으로 전자제품에 대한 수요도 일어난다. 새해 들어 마케팅의 승기를 잡기 위한 기업 홍보 차원의 활동도 많아진다.

따라서 춘절에는 풍성한 마케팅 활동이 벌어질 수밖에 없다. 인상적이었던 것은 주요 FMCG*기업들에는 춘절용 기업 슬로건이 따로 있다는 점이었다. 코카콜라, 도브, 레이스 등 대표적인 글로벌 브랜드들부터 중국 로컬 식품 브랜드까지 대부분 그러하다. 물론 춘절용 기업 슬로건에는 춘절에 특화된 이야기를 담기 마련이다.

예를 들면, 코카콜라는 평소에 '这感觉真爽(상쾌한 이 기분)'이라는 제품 중심의 슬로건을 활용하다가 춘절 시즌이 되면 "就要(年在一起,这感觉真爽(모두 함께 모여 즐겨요, 상쾌한 이 기분)"이라고 슬쩍 춘절 분위기를 집어넣는다. 슬로건뿐 아니라 춘절용 캐릭터와 패키지 등으로 실제 매출을 올리기 위한 다양한 매장 활

*
FMCG: fast-moving consumer goods의 약자. 식음료, 욕실제품 등 일상생활 용품을 뜻하며 일반적으로 관여도가 낮고 구매주기가 짧다.

코카콜라 춘절 광고. 중국 전통복장을 한 두 아이들의
행동과 다양한 덕담을 보여준다. (사진 출처: topys.cn)

동을 한다.

　도브에서는 브랜드 명인 '도브(德芙)'를 비슷한 발음인 '得福(복
을 받다)'라는 말로 바꿔서 쓸 정도다. 평소에는 "纵享丝滑(부드러
움을 마음껏 즐기세요)"라고 하지만, 춘절이 되면 "年年得福(德
芙) 纵享丝滑(매년 복/도브 많이 받고, 부드러움을 마음껏 즐기세
요)"라고 브랜드와 춘절을 슬며시 연결하고 있다. 레이스 같은 경우
는 아예 평소에 쓰는 슬로건과 춘절용 슬로건을 분리해서 쓰기도
한다. 평소 레이스의 슬로건은 "有事没事整点乐事(언제나 즐거운
일을 만들어가요)"지만, 춘절에는 "给年夜饭加道乐事(즐거움을 담

도브의 춘절 광고. 年年得福(德芙)을 사용하여
춘절 선물세트를 광고하고 있다.
(사진 출처: www.yhd.com)

아 춘절 저녁을 차려주세요)"라고 한다. 이들 모두 춘절 특수를 크
게 보는 대표적인 브랜드임은 두말할 필요도 없다.

춘절을 두려워하는 중국 젊은이: 일곱 번째 큰 고모,
여덟 번째 큰 이모

왁자지껄한 춘절 명절에 늘 좋은 일만 있는 것은 아니다. 한국이 그
러하듯이 중국의 젊은이들에게도 오랜만에 모인 가족 간 갈등은
존재한다. 공부는 잘 하냐, 취직은 했느냐, 남자친구는 있느냐, 언

제 결혼하느냐, 아이는 언제 낳을 거냐 등 어른들이 젊은이에게 안부 삼아 던지는 이런 말들은 아마도 동양권에서는 불멸의 대화 소재들이 아닌가 싶다.

은근히 친척 중 누구랑 비교당하기도 하고 불편하다. 오랜만에 만난 가족들과 생기는 이런 미묘한 갈등 뿐 아니라, 귀성 여비에 오랜만에 만나는 부모님 용돈에 조카들 용돈까지 비용에 대한 부담감 역시 적지 않다.

일주일 이상 되는 시간을 가족과 보내다 보면, 이 돈으로 이 시간에 평소 가고 싶었던 해외여행을 훌쩍 떠나고 싶다는 상상을 하기도 한다. 이건 꼭 이기적이어서가 아니라 요즘 젊은이라면 누구나 할 만한 생각인 것 같다. 그러다 보니 중국 젊은이들 사이에 조금씩 '공년족(恐年族)'*이 나타나고 있다. 말 그대로, 고전적인 방식으로 힘들게 고향에 돌아가 갖은 간섭 속에서 가족과 함께 새해를 맞는 춘절에 대한 두려움을 가진 사람들이다. 이들의 정서를 정리하자면 '나에겐 너무 먼 고향, 너무 많은 친척, 너무 큰 소비'로 요약할 수 있을 것이다.

이 와중에 등장한 재미있는 표현이 '七大姑八大姨(일곱 번째 큰 고모, 여덟 번째 큰 이모)'다. 비록 중국 사람은 아니지만 듣자마자

---

*
恐年族(공년족, 꽁니엔주): 두려워할 공(恐), 해의 년(年)이 합쳐져서 말 그대로 다가오는 새해가 두려운 사람들을 일컫는 말

결혼 심사 이모. 월급 비교 이모. 출산 재촉 이모.
(사진 출처: www.digitaling.com)

느낌이 확 오지 않는가? 짐작 가는 대로, 평소에는 가깝게 지내지 않다가 명절에만 만나서 불편한 질문을 일삼는 먼 친척들을 일컫는 말이다.

명절이 되면 이들이 할 만한 질문, 잔소리 및 이에 대한 효과적 대처법 들이 인터넷 상에서 떠돌고는 한다. 작년에는 아예 이런 상황을 활용해 젊은 층이 공감하고 좋아하는 광고를 만드는 브랜드도 등장했다. 한 견과류 업체에서 '대학시험 감시 이모', '결혼 심사 이모', '월급 비교 이모', '출산 재촉 이모', '부동산 평가 이모'로 유형을 카드로 분류하고 이에 대한 대응책을 유머러스하게 풀었던 것이다. 물론 가족 모두가 보는 TV에 등장해 어른들의 심기를 불편하게 하지는 않았고, 젊은 층들이 주로 보는 인터넷 광고만 집행했다. 마침 '씹고 버리는' 견과류다 보니 제품과의 연관성도 높아 매출에도 도움을 주었고, 브랜드 호감도 제고에도 꽤 큰 역할을 했던 것으로 기억한다.

어쨌거나 중국도 춘절도 변화한다. 춘절이 중국 최고의 민족 명절이라는 지위는 변하지 않겠지만 그 의미와 사람들이 시간을 보내는 방식은 세대의 변화와 함께 조금씩 달라질 것이다. 중요한 것은 얼마나 빠른 속도로 어떤 양상으로 변화하는가, 어느 제품과 브랜드가 더 제대로 이를 캐치하고 맞춰 가느냐일 것이다. 이에 따라 춘절 마케팅의 성패가 달려 있다고 보면 된다.

03
국경절, 그리고 중국인의 여행 로망

추석보다 긴 건국기념일, 국경절

1949년 10월 1일 북경 천안문(天安门) 광장에서 개국대전(开国大典)을 개최하며 중화인민공화국이 성립되었고, 그 후로 10월 1일은 국경절 공휴일로 지정되었다. 물론 대단한 날이고 의미 있는 날이긴 하지만 7일이나 연휴를 만들어 쉬는 건 좀 특이한 발상이다. 애초에는 이 정도까지는 아니고 3일간 쉬는 것이었는데, 2000년부터 전후 주말 대체 근무를 통해 총 7일로 늘렸다고 한다.

춘절처럼 가족의 의무에 묶여 고향을 찾아야 할 필요도 없고 이 좋은 가을 날씨에 집에서만 보내기도 아까우니 누구든 길건 짧건

여행길에 나선다. 날씨 좋은 10월 초순, 국민은 쉬어서 좋고 국가는 국내외 여행을 통한 내수 진작이라는 효과를 누릴 수 있는 '일석이조' 기간이다. 통계에 의하면, 국가적 기대에 부응해 국경절 여행객 수는 2008년 1억 8천만 명 규모에서 2017년 7억 1천만 명까지 기하급수적으로 늘어나고 있다고 한다. 물론 하루짜리 단거리 국내 여행일 수도 있고, 일주일짜리 유럽 여행일 수도 있다. 중요한 건 어쨌거나 집에 있지 않는다는 거다.

우리나라도 그렇듯이 중국의 여행 시장은 최근 20년 사이에 폭발적으로 늘어났다. 경제가 그러하듯 단기간 압축 성장의 영향으로 여행도 편차가 심한 편이다. 세대 간 여행에 대한 취향이 매우 다르다는 뜻이다. 60호우는 패키지여행 선호, 70호우는 일정이 비교적 간단한 단독 가족여행을 선호한다. 80호우부터가 제대로 여행을 즐기는 세대인 셈인데, 널리 알려져 많은 인파로 북적거리는 여행지보다는 소수의 사람들이 새로 개발한 장소, 프로그램을 수소문해서 찾아가는 여행을 선호하는 추세로 바뀌고 있다. 현재 주로 20대인 90호우는 아직 가족여행이 아닌 개인 여행이다 보니, 친구와 함께 가는 부티크호텔이나 민박 등 이전 세대와는 완전히 다른 여행 패턴을 보이고 있다.

국경절 같은 명절에 중국 내 대표적 여행지인 만리장성, 장가계, 항주, 소주 등은 40대 이상의 지방 출신 패키지 여행객들과 한국인 등의 외국인 여행객들로 인산인해를 이룬다. 반면에 30대 정도로 내려가면, 몇몇 가족이 어울려 캠핑카를 가지고 이전에 가보지 못한 산서성 태항대협곡 트래킹 코스에 도전해 즐기는 식이다.

2016년 기준 중국 내 캠핑장은 건설 중인 곳까지 합치면 대략 1,000여 개로 추산된다. 캠핑카 역시 2015년에 3만 대 판매 기록을 세웠다. 30대와 일부 부유한 20대 층에서 최근 핫하게 떠오르는 여행 트렌드가 캠핑이다. 반나절이면 대체로 전국 어디든 도착할 수 있는 한국과 비교하면 적어도 하루 이상, 상당히 먼 거리를 이동해야 원하는 목적지에 닿을 수 있는 중국에서 캠핑카의 효용성이 더 높아 보인다. 일반적인 20대들에게는 미식 여행이나 단기 농촌 체험 등 테마 여행이 떠오르고 있다. 어쨌거나 장소 자체보다 이전에 못 해본 새로운 체험을 할 수 있는 프로그램을 선호하는 셈이다.

젊은이의 여행 트렌드, 현지인처럼 지내자

여행도 유행이 있다. 중국 젊은이들 역시 한국 젊은이들과 마찬가

•

〈친애적 객잔(亲愛的客栈)〉

••

〈청춘민박(青春旅社)〉

•••

〈아름다운 집(漂亮的房子)〉
(전체 사진 출처: www.iqiyi.com)

지로 인스타그램 같은 사진 위주의 SNS에 자신 있게 올릴 수 있는 임팩트 있는 비주얼과 더 많은 댓글을 유도하는 남다른 스토리가 있는 여행을 원한다.

2017년 〈효리네 민박〉을 따라 만들었다고 입방아에 올랐던 〈친애적 객잔(亲爱的客栈)〉 이후, 젊은이의 여행을 테마로 한 비슷한 종류의 예능 프로그램들이 떴다. 〈청춘민박(青春旅社)〉, 〈아름다운 집(漂亮的房子)〉 등은 화려한 이국 도시나 널리 알려진 관광지가 아니라 시골에 가서 현지 문화와 생활을 한적하게 즐기는 모습이 오히려 쿨한 것이라는 메시지를 암묵적으로 전하고 있다.

이런 추세를 반영하듯 요즘 잘 나가는 젊은이들 사이에서는 특색 없이 규모만 큰 관광호텔이 아니라 소규모 민박집이 오히려 인기라고 한다. 그중 대표적인 곳을 꼽자면 '모간산 서파 산향 도가(莫干山西坡山乡度假)'가 있다. 상해에서 차로 3시간 거리인 이곳은 깊은 산속 시골에 위치해 있는데, 전통 시골집을 리모델링해서 주위 자연과 완벽한 조화를 이루는 근사한 민박집이 되었다. 오래된 나무와 대나무를 원재료로 사용해 옛날 정취를 살리고 확 트인 정원에서는 산과 숲, 그리고 차밭을 눈앞에서 바로 즐길 수 있다. 재미있는 오락거리나 기가 막힌 절경이 있는 곳은 아니지만 소소하게

모간산 서파 산향 도가(莫干山西坡山乡度假).
(사진 출처: booking.com)

햇빛, 바람, 시원한 공기를 즐기면서 느긋한 시골 생활을 체험하고
자 하는 사람들로 늘 붐비고 있다.

이런 현상과 맞물려 트렌드화 된 여행 스타일도 있다. '농가락(農
家乐)'이라 하여 전통적인 농촌 마을 숙소와 농작물 수확이나 트래
킹, 산악 바이크 라이딩 같은 지역 밀착형 오락거리를 접목한 형태
의 여행 형태다. 농촌 지자체에서도 전통 농촌 마을에서 벗어나 이

런 수익 사업을 하려는 의욕이 넘치기에 장기적으로 보면 꾸준히 늘어날 것으로 보인다.

하지만 아직은 대세라고 하기는 어려운 듯하다. 집 한두 채 짓는다고 갑자기 주변 환경 전체가 바뀌는 것은 아니기 때문이다. 요즘 젊은이들의 구미에 맞는 깔끔하고 세련된 지방 여행 문화가 제대로 활성화되려면 시간이 좀 걸릴 것 같다. 발 빠른 소규모 투자가들이 기획개발하면서 서서히 그 세력을 키워가는 단계가 아닌가 싶다.

언제든 떠날 수 있는 사람이 승자

여행은 소비 중 가장 고급 소비라고 한다. 살기 위해 꼭 필요한 필수품도 아니고 소비의 결과물이 남는 것도 아닌데, 보이지도 않는 시간과 경험을 사기 위해 교통비와 숙박비 등 꽤 큰 단위의 지출을 하게 되는 셈이니 말이다. 그만큼 나 자신과 자신의 체험을 소중하게 생각한다는 의미이다.

국민소득 1만 달러를 갓 넘긴 중국인들의 여행에 대한 로망은 엄청나다. 나이와 성별을 불문하고 대유행이라고 해도 과언이 아니다. 2016년 중국의 한 교사는 11년 된 안정된 직장을 그만두면서 "세계가 이렇게 큰데, 나가서 좀 보고 싶다(世界那么大, 我相去看看)"라는 사직서를 내고 여행을 떠났다. 이것이 인터넷에서 유행이 되면서 그해 중국 10대 유행어 중 하나로 꼽히기도 했다.

같은 해 상해의 한 부부는 삶의 의미를 다시 찾고자 생활을 모두 정리하고 요트를 사서 상해에서 남극까지 231일 동안 세계 일주를 하면서 인터넷 상에서 중계를 했다. 총 8억 뷰를 기록했다고 하니 전국적으로 꽤나 관심을 끌었던 것 같다.

꼭 이렇게 진지하고 심각한 여행만 있는 것은 아니다. 2017년에 화제가 된 이벤트 중에 〈북경, 상해, 광주 대도시 탈출 캠페인〉이란 것이 있었다. 중국의 신매체 '신세상(新世相)'이란 회사에서 진행한 것으로 평일 아침 인터넷에 유명 여행지 왕복 비행기 표를 배포하면서 오후에 당장 출발할 수 있는 사람을 모집한다고 하자, 캠페인 시작 30분 만에 10만 클릭 수를 돌파하고 세 시간 만에 17,000명이 신청했다고 한다. 이 마케팅은 젊은 층의 여행 로망을 제대로 공략한 성공적인 사례로 손꼽히고 있다.

여행과 관련된 수많은 파생 산업들이 있지만, 내가 실제 업무로 체험할 수 있었던 것은 한국계 아웃도어 의류 브랜드의 광고 의뢰건 덕분이었다. 한국에서 과거 몇 년간 "동네 뒷산에 가면서 히말라

이벤트 홍보 포스터와 실제로 올린 비행기 표.

야 트래킹에 적합한 아웃도어 옷을 입는다"는 우스갯소리가 나올 정도로 과소비가 일어났던 분야인데, 중국에서도 역시 레저 산업이 호황을 맞으면서 실제 여행지에서 혹은 일상 속에서도 꽤나 높은 기능성을 가진 옷을 찾는 바람에 아웃도어 의류 업계가 활황을 맞고 있다.

그 업무 덕분에 여행 관련 트렌드도 연구하고 재미있는 아이디어도 제안했지만, 시간과 비용의 문제로 실제 업무로 이어지지는 않아 아쉬웠다. 하지만 이 유행은 향후 중국에서 꽤 오랜 기간 동안 지속될 듯하니, 공부한 것을 써먹을 수 있는 기회가 언젠가 한번은 있지 않을까 기대해 본다.

04
새로운 놀이 문화에 목마른
중국 젊은이들

크리스마스엔 이렇게 노는 겁니다

중국 젊은이들이 가장 좋아하는 명절은 춘절 다음이 크리스마스
다. 춘절 등 전통 명절은 지켜야 할 의식이 있고 부모와 가족을 챙
겨야 하는 의무감이 존재하는데 반해, 크리스마스는 외래명절이라
이런 의무나 제약이 없다. 그냥 즐기는 거다.

통계 자료에 따르면 춘절에는 가족과 함께 지내는 비율이 92%,
반대로 크리스마스에는 친구 혹은 연인과 함께 보내는 비율이 88%
다. 친구나 연인과 함께 시간을 보낸다면, 자연스럽게 외식과 이벤
트로 관심이 쏠리게 된다. 올해는 어떤 곳에서 뭘 먹으면서 어떻게

재미있게 놀까? 크리스마스가 지나고 나면 위챗 모먼트(페이스북의 타임라인과 유사)는 마치 승전보처럼 어디에서 뭘 하고 놀았는지 대놓고 자랑하는 사진과 사연들로 가득하다.

가장 자랑스럽게 으쓱하면서 말하는 장소는 유명 호텔 식당이다. 식당들은 몇 주 전부터 이미 예약이 차고, 크리스마스 당일에는 몇 시간 동안 줄을 서서 기다리는 사람도 적지 않다. 그날은 식당도 배짱 장사를 한다. 다른 메뉴는 받지도 않고 1인당 500위안(약 8만 원) 이상의 크리스마스 세트만 판매하는데, 없어서 못 팔 지경이다. 유명한 상해 쉐라톤 호텔은 크리스마스 뷔페에 588위안(약 10만 원)을 받고, 상해 카펠라 호텔은 심지어 1인당 1,088위안(약 18만 원)까지 받는다.

하지만 한국과 마찬가지로 이런 사례는 극소수의 이야기이고 대부분의 젊은이들은 시내 곳곳에 있는 나름의 핫플레이스에서 친구들과 즐거운 시간을 보낸다. 그리고 마찬가지로 그 식당들도 크리스마스에는 평소와는 다른 고급화된 단일 메뉴로 최대한의 수익을 노린다. 이재에 민감한 중국인들이 이 기회를 놓칠 리가 없다.

그렇다면 이 대담하고 혈기 왕성한 중국 젊은이들이 크리스마스에 뭐 좀 색다르게 노는 문화는 없을까 하고 궁금해서 물어보면 이구동성으로 〈베개 싸움〉을 말한다. 2006년부터 시작된 베개 싸움은 아예 〈크리스마스 베개 싸움〉으로 불린다. 클럽 혹은 바와 같이 젊은이가 많이 몰리는 장소에서 1인당 150위안 정도(2만 5천 원)를 받고 진행되는데, 그날 모인 잘 모르는 사람들과도 다 같이 어울려 서로를 향해 베개를 던지는 것으로 스트레스도 풀고 친구도 맺는다고 한다.

상해, 북경 같은 큰 도시에서 시작해서 현재는 서안, 항주, 성도, 중경 등 2, 3선 도시까지 퍼졌다고 한다. 한국 같으면 처음 보는 사람들과 이런 행사를 했다가는 큰 싸움으로 번질 것 같은데, 중국에서는 꽤 오랫동안 계속 이어져가는 걸 보면 중국인에게는 확실히 한국인과는 분명히 다른 정서가 있는 것 같다.

개인적인 경험으로, 크리스마스 즈음에 진행된 회사 송년회 기억을 떠올려 보면 팀별 장기 자랑 행사에 직원들이 굉장히 적극적으로 참여하는 모습이 인상적이었다. 연극을 하건, 노래극을 하건, 코미디를 하건 대본도 열심히 쓰고, 무대 의상도 직접 신경 써서 준비하고, 시간을 따로 내서 연습도 많이 한다.

곁에서 보던 다른 주재원은 이전 공산당 문화 때문에 행사 참여 의식이 높은 거 아닌가 하고 추측하기도 했지만, 꼭 그런 것은 아

〈크리스마스 베개 싸움〉. (사진 출처: 바이두)

닌 것 같다. 다 같이 즐겁게 놀아보자는 열기랄까. 아직은 타인에 대해 식지 않은 애정 같은 것이 느껴진다. 자본주의적 개인주의가 아직 문화로 덜 정착한 것이라고 이야기할 수도 있겠다. 어쨌거나 몸으로 부대끼면서 "내가 웃김으로써 네가 즐겁고 네가 즐거우니 나도 즐겁다"라는 생각이 살아 있는 것 같아 반가웠다.

술 마시는 자리도 너무 잦지만 않으면 즐거워한다. 술을 취할 만큼 많이 마시지는 않지만, 많이 웃고 크게 떠들고 즐기며 한국에서 유행하는 술자리 왕 게임 같은 것을 정말 좋아한다. 심지어 한국인 회사에 다니는 재미가 이런 거라고 이야기하는 직원도 봤다.

놀고 싶은 중국 젊은이들에게 우리가 지난 수십 년간 돈과 몸을 아낌없이 써가면서 연구한, 술자리에서 재미있게 잘 노는 방법을 돈 받고 수출할 수 있으면 좋겠다는 실없는 생각도 해본다.

즐거움이라면 역시 뮤직 그리고 파티

요즘 브랜드들은 그냥 광고가 아니라 젊은이들의 놀이 문화 속으로 들어가서 그 속에서 관계를 맺고 싶어 한다. 그러니 광고 마케팅 대행사에서 '중국 젊은이의 놀이 문화'라는 주제는 매우 단골 스토리다. 일단 힙하고 활동적인 젊은 브랜드라면 뮤직 페스티벌 참여 아이디어가 단골로 등장한다. 그중에서도 가장 대표적인 단골 메뉴가 〈스트로베리 뮤직 페스티벌〉이다.

2009년 중국의 음반사인 모던 스카이가 처음 주최했고 이후 중국 최대의 뮤직 페스티벌로 발전되었다. 매년 5월, 딸기가 나오는 봄에 상해, 북경, 광주, 심천 등 주요 도시와 주변 도시를 아우르는 형태로 개최되며, 매회 10만 명 규모의 중국 내 한다 하는 트렌드 리

2017년 북경 스트로베리 뮤직 페스티벌. (사진 출처: 바이두)

더들이 모인다. 이름이 특이한데, 딸기는 단순히 과일이 아니라 삶에 대한 태도를 대표한다고 한다. 음악과 삶에 있어서 즐거움을 표현하고, 동시에 봄에 열리는 축제로서 그 계절을 대표하겠다는 의미도 담고 있다는데 어쨌거나 이름부터 꽤나 상큼한 느낌을 준다.

페스티벌 같은 대규모 행사의 협찬 광고는 대행사가 소비자의 핫한 접점으로 제안하기에는 좋지만 어지간한 한국계 광고주는 꿈쩍하지 않는다. 비용도 만만치 않고 준비하기에도 엄청나게 손이 많이 가기 때문이다. 그러다 보니 이미 인지도가 확고한 중국 내 대표 브랜드 정도 되어야 소비자와의 관계 강화 차원에서 협찬에 들어가는 것이지, 한국계 브랜드가 참여하는 건 언 발에 오줌 누기 아니냐 하는 게 전반적인 인식이다. 대회 타이틀 스폰서 정도가 아니라면 어차피 자사 브랜드 인식도 제대로 안 될 것이라고 이야기하는데, 어찌 보면 사실이다.

마음 같아서는 우리 브랜드가 주최하는 뮤직 페스티벌이나 영화 페스티벌 같은 행사를 제안하고 싶은 생각도 있었지만, 사람들이 많이 모이는 것에 일단 경계심을 품는 중국 당국이 외국 브랜드에 이런 행사를 허용할 리가 없었다. 이래저래 중국 젊은이의 일상 속으로 들어가는 건 쉬운 일은 아닌 것 같다.

대규모 행사 참여는 어렵지만, 그래도 외국 브랜드도 소소하게 접근 가능한 것이 생활 속 작은 파티들이다. '홈파티'는 요즘 중국에서 한창 핫한 트렌드다. 외국 영화나 드라마에서 보이는 '홈파티'에 대한 선망은 있는데, 한국처럼 아파트 구조가 대부분인 중국에서는 층간 소음 문제로 집에서 파티를 하기는 어렵다.

사업 기회에 민감한 자본가들이 가만히 있을 리가 없다. 렌탈 파티하우스를 지어서 젊은 층에게 대여해주기 시작한 것이다. 보통 2층 별장을 개조해서 만든 파티하우스에서는 노래방, 영화관, 당구, 방 탈출 게임, 포커 게임, Xbox 등의 여러 게임을 즐길 수 있다. 10~20명 규모의 친구나 동료들이 모여서 놀 수 있는 공간인데 동창 모임, 송년 파티, 프러포즈 장소 등으로 활용된다고 한다.

久仰花家四合院轰趴馆: 후통의 사합원을 개조해 만든
파티하우스. (사진 출처: www.dianping.com)

여성층, 청소년층에게 인기 있는 '파자마 파티'도 있다. 3~5명 정도로 비교적 소규모이고 거창한 준비 없이 그냥 옷만 맞춰 입어도 되기 때문에 일상 속에서 쉽게 즐길 수 있다. 인터넷 쇼핑몰에도 파자마 파티용의 깜찍한 저가 잠옷들이 많이 판매되는 것을 보면 시장이 제법 되는 것 같다.

이런 파티들은 타깃 소비자의 생활이나 즐거움 포인트를 이해하는 데 도움이 된다. 하지만 너무 소소한 일상이다 보니 실제 기업들 입장에서는 마케팅적으로 활용할 기회가 크지는 않다는 단점이 있다.

쿨내 풍기는 스포츠 행사

이전 세대는 나이가 들어 건강을 위해서 혹은 사교를 위해서 운동을 시작했다. 하지만 요즘 젊은 층은 멋으로 유행으로 즐거움으로 운동을 한다. 물론 그 근간에는 피트니스가 일상화된 서구 선진국의 영향, 연예 산업의 팽창으로 잘 관리된 몸매를 가진 연예인을 따라 하고자 하는 열망이 있고, 또한 '운동'이란 멋지고 쿨하며 앞선 삶이라는 보편적인 인식이 큰 역할을 했다. 스마트폰에 많이 깔린 운동 앱을 통해 친구들과 경쟁하며 운동을 즐기게 됐다는 이야

기도 있지만, 이건 스마트폰 브랜드가 생각하는 자기중심적 가설이
아닐까 싶다.

글로벌 스포츠 브랜드들이 운동에 재미를 더한 대규모 행사로 젊
은 층을 끌어들이려는 활동은 어쩌면 당연해 보인다. 그중에서도 규
모나 인지도 면에서 가장 대표적인 행사는 〈컬러 런〉이다. '세계에서
가장 행복한 5km'라는 슬로건 하에 2011년 미국에서 시작된 축제
로 현재는 전 세계 40개 나라 200개 도시에서 개최된다고 하는데,
중국에서는 2013년부터 매년 개최되었다.

2018 중국 〈컬러 런〉 현장. 중국에서는 2013년부터
매년 개최되었다. 현재 전 세계 40개 나라 200개
도시에서 개최되고 있다.

중국어로는 〈彩色跑 = 차이써파오: 여러 색깔 달리기〉라고 불린다. 2018년에는 북경, 상해, 심양, 청두, 항주 5개 도시에서 열렸다고 하니, 전국적으로 그 관심도가 꽤 높은 것으로 보인다. 행사에서 가장 유명한 스폰서는 '뉴밸런스'였는데, 언제부터인가 중국의 중저가 휴대폰 브랜드 '오포'도 보인다. 혁신 기능보다는 기본 기능을 강조하며 젊고 감각적인 디자인을 무기로, 대중적인 마케팅을 지향하는 브랜드이다 보니 핵심 타깃과의 좋은 접점을 잘 찾았다고 보인다.

또 하나, 2013년 이래 꾸준히 진행되고 있는 대표적인 스포츠 행사는 나이키의 〈컴 아웃〉이다. 중국어로는 〈出来: 출라이. 밖으로 나와〉라고 불린다. 더운 여름밤에 집에만 있지 말고 밖으로 나와서

나이키의 〈컴 아웃〉 행사 포스터.
(사진 출처: http://www.adquan.com)

같이 운동하자는 메시지를 담고 있으며, 꾸준히 그 인지도를 높여 나가고 있다. 음악이건 파티건 스포츠건 이벤트건 간에, 일단 재미있고 또래들이 많이 모이는 판이 벌어지면, 새로운 오락거리에 목마른 중국 젊은이들은 확실하게 호응을 보이고 있다. 그들에게 '모이자, 같이 놀자'라는 메시지는 당분간 유효할 것으로 보인다.

마지막으로 노파심에서 하고 싶은 말이 있다. 실제 이런 행사에 들어가서 브랜드가 광을 팔기는 매우 어렵다. 나이키처럼 글로벌 빅 브랜드이거나, 오포처럼 유명한 로컬 브랜드라면 이미지 관리 차원에서 매우 유용하겠지만, 소규모 브랜드가 어설프게 행사에 들어가봤자 눈길을 끌기는 어렵다. 단, 이런 요소들을 실제 마케팅 활동의 하나로 연계해서 풀어보는 것은 충분히 의미가 있다.

예를 들면, 광고의 스토리 속에 녹이거나, 이벤트에 참여할 티켓을 걸고 프로모션을 진행하는 식이다. 혹은 파티하우스나 베개싸움 등을 작게 기획해서 아기자기하게 진행 가능한 소규모 행사는 자체 브랜드 이벤트에서도 활용해볼 수 있을 것이다. 어쨌거나 우리의 타깃 소비자를 이해하고, 같이 정서를 맞춰간다는 진정성을 표현할 수 있는 좋은 방법이기 때문이다. 요즘 소비자들은, 특히 젊은이들은 이런 진정성을 귀신같이 알고 반응한다.

4장

7가지 성공 캠페인으로
이해하는 중국 마케팅

중국에 있는 5년 동안 대략 70여 개의
프로젝트를 진행했다. 다 나름의 사연이 있고
소중한 경험이었지만, 그중에서도
내 주관적인 만족도가 아니고 소비자 선호도나
실제 세일즈 측면에서 객관적인 성과가 있었던
것들 위주로 골라봤다.
브랜드가 처한 문제, 그것을 해결하기 위한
전략적 노림수, 그리고 그 결과물로서의
광고물 순으로 정리했다.

01
삼성전자 생활가전 광고:
〈우리 집에 오세요〉

한국 가전, 프리미엄 브랜드 만들기

유럽 가전 브랜드는 원조의 자신감과 낯선 고급스러움을 준다. 중국 브랜드는 역사를 같이한 친숙함과 AS에 대한 신뢰감을 준다. 한국 브랜드는 신기하고 혁신적인 기능 몇 가지로 유명하다. 세탁기에서는 최초의 애드워시 기능, 냉장고에서는 최초의 양문형 스타일을 만든 것이 한국 제품이다. 하지만 가전제품은 IT처럼 그렇게 신기술에 민감하지 않다. 10년 가까이 쓰는 제품이다 보니 당시 유행하는 하나하나의 제품 스펙보다는 오랜 역사를 자랑하는 브랜드 신뢰도와 프리미엄 이미지가 더 중요하다. 그래서 스마트폰으로 명성을 얻는 삼성전자도 생활가전에서는 새로운 벽을 느낀다.

신뢰도는 제품 실체로 만든다고 하더라도, 프리미엄 이미지는 어떻게 만들 것인가. 유럽이라는 국가 어드밴티지도 없고, 100년 이상의 가전 기술 전통도 없는데 그냥 부티 나는 서양인, 고급스러움을 주는 가정을 광고에 등장시키는 것만으로는 차별화가 어렵다. 모든 브랜드가 그렇게 하기 때문이다.

결론은 하나다. 과거 역사성은 없지만 미래 역사성은 만들 수 있다. 즉, 앞서나가는 생활, 나도 따라 하고 싶은 생활을 보여줌으로써 브랜드에 대한 선망을 만들어 보자는 해답을 얻었다. 다행히 중국 중산층은 누구나 할 것 없이 비슷비슷하게 누리게 된 평균적 풍요 앞에서 "나는 다르다, 나는 생각이, 취향이, 스타일이 앞서 간다"는 심적 우월감을 느껴보고자 하는 젊은 층이 많았다. 이것이 신세대적인 프리미엄이다.

탐나는 남의 생활

삼성전자 가전제품 통합 브랜드 캠페인은 세련된 옷차림, 젠 스타일의 주택, 럭셔리한 식탁 풍경 등 표면적인 고급스러움을 넘어, 취향

면에서 주부의 로망을 끌어낼 수 있는 지점에 대한 고민으로부터 시작되었다. 우선 우리의 타깃인 80호우 주부들의 보편적인 로망에 대한 탐색을 시작했다.

자랄 때는 공주였고, 결혼 후에는 왕비가 되고 싶은 이들은 이전 세대와는 다른 낭만적인 결혼 생활을 꿈꾼다. 남편과 진솔한 대화를 많이 하기를 원한다. 일상의 모든 일을 자상하게 함께 나눠줄 남편과 익숙하지 않은 집안일을 해결해줄 스마트한 가전이 있다. 게다가 내가 집안일을 잘 못해도 남편이 마냥 예뻐하고 사랑해줄 텐데 무슨 고민인가.

이런 로망이 극대화되는 지점은 신혼 즈음이다. 요즘 신세대의 신혼은 다르다. 스몰웨딩에 킨포크 라이프 스타일에 소확행까지 발상이 다르고 행복감도 다르다. 신혼생활을 보면 누구라도 부럽고 설렌다.

또 하나의 로망은 자녀의 탄생이다. 특히 귀여운 딸이 있는 집을 보면 부럽다. 딸이 있는 집이면 공감하고 딸이 없는 집은 샘이 난다. 게다가 요즘 부녀간의 관계는 이전과 다르다. 교훈과 훈계 대신 마음껏 예뻐하고 공감하고 장난치며 지낸다. 부러움에 부러움을 더한다.

냉장고, 세탁기, 공기청정기 같은 하나하나의 제품을 넘어선, 삼성전자 생활가전 통합 브랜드 광고는 이런 우리 타깃의 마음에서 시작되었다.

2015년 〈우리 집에 오세요〉 1탄, 신혼 편

광고의 첫 시작은 당시 한국에서 유행했던 전원 속 스몰웨딩으로 시작되었다. 그리고 세상에 두 사람밖에 없는 듯한 사랑스러운 생활이 깨알같이 펼쳐졌다.

일상의 슬라이스, 단면 단면을 담아낸 한국인 카피라이터의 카피는 절묘했다. 그리고 이를 중국어로 바꾼 이의 솜씨도 대단했다. 10여 개의 광고 동영상을 보는 사람들은 한국인이건 중국인이건 얼굴에 미소가 떠나질 않았다. 개인적으로 마음에 와닿았던 몇 편만 소개한다.

요쿠(优酷), 아이치이(爱奇艺) 같은 중국 내 대표적 동영상 포털에 노출했고, 웨이신(微信), 웨이보(微博), 큐큐, 소후(搜狐) 등 가장 인기 있는 모바일 포털에도 올렸다. 반응은 폭발적이었다. 4주간의 시행기간 동안 총 3억 6천만 유저에게 노출되는 기록을 세웠다.

○ Sale, Sale [765리터 대용량 냉장고]

5折？ 买!

4折？ 买!

买一送一？ 买!

谁叫我家冰箱够大呢~

50% 세일, 사야겠다!

40% 세일, 사야겠다!

한 개 사면 두 개, 사야겠다!

하하, 우리 집 냉장고는 크니까.

○ 여름은 서랍 속에 [12kg 대용량 블루 크리스털 세탁기]

这么多的衣服

就这样, 唰唰唰

Goodbye summer!

이렇게 많은 빨래를

이렇게 휘리릭

여름아 안녕!

○ 돈 많이 [액티브 듀얼 워시 세탁기]

没有汗臭， 没有脏东西,

什么都没有

老公,开心不?

那么， 多赚点钱回来吧^^

땀도, 냄새도, 남김없이 깨끗

우리 여보, 기분 좋지?

그럼, 돈 많이 벌어와^^

2015년 〈우리 집에 오세요(来我家吧)〉 1탄.
(사진 출처: www.iqiyi.com)

그러나 이런 양적인 결과보다도 더 마음을 울렸던 이야기는 소비자들의 진심 어린 댓글들이었다. 그중에서도 가장 감사했던 댓글을 하나만 소개한다.

"삼성은 정말 대단하다… 우리 집 세탁기 또한 삼성이다. 이번 광고 시리즈는 내 생각에 정말 최고다. 라이프 스타일의 가볍고 쉬운 느낌… 나와 남편은 모두 집안일을 별로 좋아하진 않기에 이 광고에 나오는 대부분의 제품을 구매했다. 행복은 멀리 있지 않다. 우린 정말 행복하다."

2016년 〈우리 집에 오세요〉 2탄, 세 가족 편

여세를 몰아 2편이 제작되었다. 이번에는 귀여운 딸과 갓 태어난 아기 동생이 같이 등장한다. 공기청정기, 세탁기, 패밀리허브 냉장고 등 역시 제품을 살아 숨 쉬게 하는 것은 사람이었다.

O [공기청정기]
　　(병원에서 태어난 동생이 처음으로 집에 온 날)

　　　　　　　　検小小的
　　　　　　　　全身都小小的
　　　　　　　　让姐姐保护你

　　　　　　　아기는 얼굴이 작다
　　　　　　　손도 작고 발도 작고 다 작다
　　　　　　　아가가 숨 쉬는 거 누나가 지켜줄게

O [세탁기]
　　(애드워시 기능으로 세탁 중간에 세탁물 투입 가능)

　　　　　　　袜子在哪里呢? 这里有一只。
　　　　　　　还有哪里? 找到了。
　　　　　　　随时添加。

　　　　　　　양말 어디 갔지? 여기 한 짝,
　　　　　　　또 어디 갔지? 여기 또 한 짝
　　　　　　　언제 넣어도 같이 빨래가 되니까

186

삼성전자 생활가전 통합 브랜드 광고 2탄은 가족의 행복한 생활과
제품을 연결시켰다. (사진 출처: wap.zol.com.cn)

가장 씁쓸했던 미투 사례

1년 후 어느 날 아침, 동료 한 명이 흥분해서 한 가지 소식을 알려
줬다. 중국 가전업체 중 1위인 '하이얼'이 〈여기가 집이다 这里是
家〉라는 슬로건으로 비슷한 시리즈 광고를 집행하기 시작했다는
것이다. 설마 하면서 찾아보았는데, 정말로 설마가 사람을 잡았다.
부부간의, 부모와 자식 간의 따뜻한 사랑을 테마로 한 시리즈 광고
가 대대적으로 집행되고 있었다. 제작비를 많이 써서인지 영상 수
준도 나쁘지 않았다. 한 마디로 씁쓸했다. 소비자들의 반응은 모르
겠고 궁금하지도 않았다. 늘 이런 식이다.

(사진 출처: pmyuan.com)

Haier 双门冰箱
回到家。你不在家。
冰箱上　三天的出行日程。
冰箱里　三天的加热即食.
这里是家。

하이얼 양문형 냉장고
집에 돌아왔다. 너는 집에 없다
냉장고 위에 3일간의 여행 일정이 있다
냉장고 안에는 3일간의 즉석 밥이 있다
여기가 집이다

02

삼성전자 UHD TV 광고:
〈마치 거기에 있는 것처럼〉

TV광고는 그림 싸움이다?

TV는 이제 누구나 집에 1대 이상 가지고 있는 익숙하고 흔한 가전이다. 자주 구매하지 않다 보니 평소에는 별로 관심도 없다. 일 년에 한두 번, 결혼 시즌이나 연말 보너스 시즌이 아니면 대체로 조용하다. 그러던 TV 시장에 2005년 즈음부터 PDP, LCD TV같은 새로운 디스플레이 소재 싸움이 일어나고, 2010년 이후 3D TV나 스마트 TV같은 혁신적이고 새로운 기능을 탑재한 신제품들이 '짜잔' 하고 나타나면서 큰 변화의 기미가 보이는 듯했다. 하지만 2015년 이후 기능 이슈는 조용해지고 다시 해묵은 화질 논쟁으로 회귀

하고 있다.

그럴 때는 누가 미래 기술의 표준을 잡느냐가 업계의 화두가 되곤 하는데, 4K를 이야기하는 일본 및 중국의 경쟁사, OLED를 이야기하는 한국의 경쟁사들로 시장은 난세 중의 난세, 수많은 영웅이 어지럽게 등장하는 복잡한 형세가 만들어지고 있었다. 아직은 기술의 이니셔티브가 혼재하는 가운데 삼성전자는 10년째 세계 1위라는 타이틀을 가지고 SUHD, 퀀텀닷 등의 낯선 기술 용어로 화질의 우위를 주장하고 싶어 했다. 여기까지는 TV 만드는 사람들의 이야기다.

하지만 실제로 TV를 사는 사람들의 생각은 조금 다르다. 자잘한 기술적 차이를 운운하는 광고는 소비자들에게 어필하기 어렵다. 단순하게 이야기하면 소비자들의 심리는 이렇다.

"어차피 한번 사면 5년 이상 쓰는 우리 집 거실의 대표 얼굴인데, 그때그때 달라지는 기술 용어가 뭐가 중요해. 지금 이 시점에 가장 앞서간다는 브랜드를 믿고, 가격대 고려해서 고르는 거지."

이런 생각은 비단 대중적인 가격대의 제품뿐만 아니라 최고가의 하이엔드 제품군을 고르는 경우에도 적용이 된다. 그 때문인지 유명한 중국의 부호 몇 명에게 어떤 TV 브랜드를 선호하느냐 물었을 때, 의외로 소니를 고른다는 이야기도 나왔다. 유행 타지 않고 몇 년이 지나도 여전히 브랜드 지위를 유지할 것으로 보인다는 게 선택의 이유였다.

다시 생각해 봐도 어려운 이야기다. 기술을 자세히 알고 싶지는 않지만 브랜드의 기술적 우위는 보여주기를 원한다. 그러다 보니 마치 압도적인 기술적 우위를 보여줄 수 있는 임팩트 있는 그림 찾기가 광고 캠페인 하는 사람의 주요 임무처럼 되기도 한다.

그냥 '좋은 그림'을 넘어서는 아이디어의 포인트

TV 화질이 너무 좋아서 동물이나 아이가 화면 속 생물을 실제라고 착각해서 만지거나 두드리거나 하는 상황은 TV 광고에서는 피할 수 없는 클리셰 같다. 실제 제작 회의에 가보면 이런 식의 아이디어들이 예나 지금이나 많이 언급된다. 별다른 대안이 없기도 하다.

중국에서도 다르지 않았다. 중국적 대자연을 소재로 삼건, 빨강 노랑 등 선명한 중국적 칼라를 모티브로 삼건 간에 어쨌거나 임팩트 있는 그림 소재를 찾는 일은 비슷해 보였다. 달라 보이는 방법이 그렇게 없는 걸까.

당시에 유행하기 시작하던 VR에서 아이디어가 나왔다. 고프로, 액션캠, 모션 컨트롤, 드론처럼 사람들이 콘텐츠를 촬영하고 체험하는 방법은 하루가 다르게 발전하는 상황이었다. 특히 어떤 의미에서 한국 사람들보다 훨씬 더 유행에 민감한 중국 부자들의 새로운 볼거리에 대한 관심은 매우 높았다.

개인용 드론 구입도 이미 유행이 시작되고 있었다. 그리고 최고가인 삼성 TV를 살 정도의 사람들이라면 이미 이런 새로운 볼 것들에 대한 민감도가 매우 높을 것이다.

기술이 다르다고, 우리 기술이 더 좋다고 아무리 이야기해 봐야 이해도 납득도 어렵고, 그렇다고 아름다운 그림 찾기도 아니라면 그 중간 방식은 어떨까. 다르게 이야기해 보자. 삼성 TV를 보는 사람들은 볼거리를 보는 방식이 다르고 즐기는 방식이 다르다고. 그리고 그런 사람들도 만족할 만큼 화질이 좋은 TV라고.

2016년 삼성 TV 〈마치 거기에 있는 것처럼〉 캠페인

제품의 정식 명칭은 SUHD TV였다. 풀어 쓰면 Super Ultra High Definition. 단어만 봐서는 TV 화질에 대한 온갖 좋은 말을 다 모아놓은 격이었지만, 듣는 사람 입장에서는 와닿지 않는 그냥 좋은 말들의 조합일 뿐이다.

VR로 통칭되는 '요즘 보는 것들'의 특징은 무엇일까. 두말할 것 없이 '그냥 보는 것'이 아니라 마치 그 장면 속으로 '들어가는 것' 같은 체험이다. 일반 TV로 보는데도 그 정도로 생생하고 몰입감이 느껴진다면, 그야말로 최고의 화질이 아닐까. 그래서 나온 슬로건이 '마치 거기에 내가 있는 것처럼(就在那里)'이었다. 제품의 구체적인 기술은 친절한 자막을 통해 꼼꼼히 전달했다.

내가 나아간다 (자막 : 색의 몰입감을 높여주는 Q-dot)
내가 떨어진다 (자막 : 빛의 몰입감을 높여주는 HDR)
곡면 TV의 압도적인 몰입감으로
마치, 거기에 내가 있는 것처럼
볼 것인가, 빠져들 것인가
이것이 TV다

화면은 뉴질랜드에서 카약 하는 장면을 실감나게 찍어서 활용했다. 마침 중국에서 카약, 스카이다이빙과 같은 익스트림 스포츠 체

광고 〈마치 거기에 있는 것처럼〉. (사진 출처: adquan.com)

험 여행에 대한 관심이 높아질 무렵이라, 시각적인 흥미 요소로는 부족함이 없었다.

결과는 어땠을까? 사실 TV처럼 고관여제품은 광고의 영향이 크지는 않다. 스낵처럼 광고 한 편 보고 시험 삼아 구입할 만한 제품은 아니기 때문이다. 따라서 효과 평가에 있어서 당장의 매출보다는 사람들의 브랜드 인식에 얼마나 보탬이 되었나를 가지고 이야기하는 것이 더 제대로 된 평가일 수 있다.

삼성전자에서 전 세계 광고물에 대해 표준치를 설정하기 위해 하는 내부 조사가 있는데, 이 광고가 모든 광고 및 브랜드 평가 지수에서 상위 5퍼센트에 들었다는 결과를 나중에 전해 들었다. 감사한 일이었다. 그냥 제품 자체의 기술 설명이 아니라 그 기술을 즐기는 요즘 중국 사람들의 생활방식에서 출발한 것이 설득력을 높일 수 있는 아이디어의 시작이었던 것 같다.

03

갤럭시 노트3: 〈당신만의 놀라운 세상을 만들어 보세요〉

외국 브랜드로서 선택은 '따뜻함' 혹은 '선망성'

중국에서 마케팅 회의에 들어가면 가장 많이 듣는 말은 매우 상반되는 두 가지다. 알려지지 않은 외국 브랜드이니 거리를 좁히기 위해 중국 소비자에게 친숙하게 다가가야 한다는 이야기와 글로벌 브랜드로서의 선망과 적당한 거리두기가 아니면 로컬 브랜드 대비 더 비싼 값을 주고 살 이유가 없다는 이야기다. 그리고 나서 결국 제품 특징, 브랜드 상황에 맞게 '전략적 판단'을 할 수밖에 없다는 식으로 '그때그때' 확신 없이 결정을 내리는 경우가 많았다.

시간이 지나서 여러 가지 일들의 결과를 거꾸로 되짚어 곰곰이 생각해 보니, 그래도 두 번째, 즉 선망성의 방향이 맞는 경우가 더 많지 않았나 싶다. 친숙함은 그냥 필요조건일 뿐 더 친숙하고 따뜻한 느낌을 준다고 우리에게 차별적 강점이 되는 것은 아니었으니까. 하지만 선망성을 잃어버리는 순간 우리 브랜드는 아무것도 아닐 수 있다.

삼성 스마트폰의 피크와 나락

내가 중국에 있던 기간 동안, 삼성 스마트폰 갤럭시는 중국에서 롤러코스트를 탔다. 2014년에 20%의 시장 점유율로 정점을 찍은 후, 2017년에는 2% 수준으로 떨어졌다. 시간을 두고 야금야금 떨어지는 상황이었으므로, 우리는 초조함과 절박함에서 모든 가능성을 열어두고 고민을 했다.

어떤 때는 낯선 선망성으로, 어떤 때는 일상의 친숙함으로 다가가기도 하고, 대놓고 한류를 활용해 보기도 했고, 정치적 문제가 생겼을 때는 중국만의 문화코드를 녹이기 위한 고민까지도 했다. 특히 2016년 갤럭시 노트 배터리 문제와 사드 문제가 한꺼번에 터졌을 때는 어떻게 이 사태를 극복할지 절박한 마음으로 중국 내

전문가에게 자문을 구하기도 했다. 그때 들었던 말 중에 가장 인상적이고, 두고두고 곱씹어보게 되는 말은 '중국인의 탁월함에 대한 열망'이었다.

잘못한 부분에 대해서 사과를 한다고 해도, 결국 장기적으로 그 브랜드의 힘을 다시 세우는 것은 따뜻함도 아니고 정중한 태도도 아니라고 했다. 손에 잡히는 탁월함을 다시 보여주라는 것이었다. 자부심 있는 브랜드로, 그래서 결국은 가지고 다니는 사람의 자부심을 세워주는 브랜드로 다시 인정받지 않으면 미래는 없다는 것, 옳은 말이면서 무서운 말이었다.

2013년 갤럭시 노트3 〈당신만의 놀라움을 만들어 보세요〉 캠페인

삼성 휴대폰을 위한 몇 번의 중국풍 로컬 캠페인들을 만들었지만, 결과적으로 가장 옳았던 것은 2013년에 진행한 갤럭시 노트3 캠페인이 아니었나 싶다. 이전까지는 글로벌 캠페인을 중국에 맞게 조금 수정하는 선에서 틀곤 하다가 처음으로 만든 중국풍 캠페인이었다.

개념상으로는 글로벌 캠페인과 궤를 같이 했다. 펜이나 큰 화면처럼 경쟁사 대비 현격한 제품적인 우위가 있었으므로, 이를 자신감 있게 '탁월한 놀라움(wonder, 精彩)'이라고 직접적으로 이야기했다. 단, 실행에 있어서는 중국 소비자들이 훨씬 더 좋아하고 공감할 만한 모델과 스토리로 현지화했다.

모델은 자오웨이(赵薇)였다. 한국에서는 '조미'라는 한국식 중국 이름으로 알려진 배우이자 영화감독이다. 한국인들은 〈황제의 딸〉이나 〈적벽대전〉에 출연할 당시의 눈 동그랗고 앳된 얼굴을 주로 기억하지만, 중국에서는 영화배우를 넘어서 실력 있는 감독으로 성장한 지적이고 전문성 있는 여성 리더로 생각한다.

광고는 그녀가 홀로 떠난 여행 중에 만난 중국 젊은이들과 교류하면서 갤럭시 노트로 찍은 사진으로 단편 영화를 만든다는 스토리였다. 마치 영화 같은 세련되고 자연스러움이 묻어 나오는 괜찮은 비주얼에 요즘 젊은 세대가 좋아하는 자유와 열정이 느껴지는 카피가 얹어져 반응이 썩 좋았다.

똑같은 메시지로 글로벌 스타가 나온 광고물과 함께 선호도 조사를 한 결과, 자오웨이가 나온 중국풍 광고가 훨씬 더 좋은 결과가 나왔다. 그래서인지 이 광고 이후에는 당분간 중국 자체 광고를 제작하게 되었다.

● [삼성 휴대폰 갤럭시 노트3]

就是现在
去你想去的地方
做你想做的事情
当激情点燃灵感
生活就会充满闪亮的瞬间
三星 Galaxy Note3 + Gear
创造属于你的精彩

바로 지금
당신이 가고 싶은 곳을 가고,
당신이 하고 싶은 일을 하는 것.
영감이 열정과 만날 때
비로소 생활은 놀라움이 가득한 순간으로 채워질
것입니다
Samsung Galaxy Note3 + Gear
당신만의 놀라움을 창조하세요

2013년 갤럭시 노트3 광고.
(사진 출처: QQ.com)

장기적으로 그것이 더 좋은 선택이었는지는 잘 모르겠지만, 광고 작업에 참여했던 한 사람으로서 보람은 컸다.

중국에서, 혹은 다른 성장국가에서 저가의 자국 폰을 마다하고 우리 스마트폰을 사는 사람에게는 가성비를 넘어서는 뭔가를 줘야 한다. 남들이 없는 럭셔리 포인트가 하나라도 있어야 많은 이성적 머뭇거림을 넘어설 감성적 무기 하나를 쥐어줄 수 있다는 이야기다. 물론 럭셔리, 선망성, 프리미엄, 모두 애매한 말이다. 하지만 그 애매함 속에서도 어떻게든 비벼볼 만하고 그럴듯한 우리만의 가치를 발견하는 것이, 결국 모두의 과제인 셈이다.

04
오리온 초코파이:
〈인이 있으면 나눔이 커진다〉

한국의 정, 중국의 인

중국에서 오리온의 브랜드 슬로건은 〈좋은 친구 오리온(好丽友 好
朋友)〉이다. '좋은 친구'와 '오리온'의 한자는 3개 중 2개가 같다. 그
러니 발음도 입에 딱 달라붙고 기억하기도 편하다. 그런 슬로건을
거의 20년간 주구장창 모든 제품 광고 끝에 반복해서 사용했으니
세뇌가 됐을 법도 하다. 한국으로 치면 '만나면 좋은 친구, MBC 문
화방송'*과 같은 편안함이라고나 할까. 나이가 아주 어린 친구들을
제외하면 누구라도 어디선가 한번은 들어봤던, 그냥 좋은 느낌을
주는 말이다.

*
몇십 년간 사용해온 MBC의 로고송이 얼마 전에 바뀌었다. 방송 3사 중 시청률 하락이 가장 두드러
진 MBC 입장에서는 새로운 이미지와 돌파구가 필요했기 때문인 것 같다.

오리온은 1994년 중국 진출 이후 1997년부터는 초코파이 현지 공장을 가동해 본격적으로 광고를 포함한 마케팅을 시작했다. 당시에 인기가 높았던 임지령이라는 현지 가수를 모델로 써서 신뢰감을 줌과 동시에, 도시풍의 세련되고 고급스러운 식품 이미지를 만들어 나갔다.

제품만 봐도 당시로서는 귀한 음식이었던 초콜릿이 덮인 것도 색달랐고, 낯선 마시멜로의 맛 역시 신선한 자극이었다. 아직 기름투성이 전통과자 형태를 벗어나지 못했던 중국 경쟁사 대비 꽤나 선진적인 맛이었던 셈이다. 그렇게 중국인들에게 큰 임팩트로 자리 잡은 초코파이는 지금도 중국 오리온의 대표 얼굴이다.

물론 그 길이 순조롭지만은 않았다. 2008 베이징올림픽 이후 국민 소득의 증가와 칼로리에 대한 걱정, 수많은 대안 식품의 등장으로 위기를 겪기도 했다. 하지만 신제품 말차파이로 다시 한 번 돌파구를 만들면서 여전히 성장세를 이어가고 있으니, 그 생명력이 놀라울 따름이다.

이상하게 초코파이는 혼자 먹는 것보다 같이 나눠먹는 게 더 어울린다. 원래 파이 종류는 중국에서도 배고플 때 간단한 식사대용으로 먹는 제품인데, 다른 파이와 달리 초코파이는 누군가에게 나뉘주고 싶은 마음이 훨씬 더 많이 생긴다고들 한다. "초콜릿 베이스라 달콤하고 어느 정도 고급감이 있으며 비스킷과 마시멜로 덕분에 다양한 식감을 즐길 수 있다. 게다가 짙은 초콜릿색의 낱개 포장 제품이라 실제 가격보다 훨씬 더 가치 있는 느낌을 전달할 수 있다"라는 건 사실 논리적인 분석이다. 물론 그런 제품적인 가치가 기본으로 깔려 있기도 하지만, 거기에 기름을 부은 것은 브랜드 광고 덕이 크다고 본다.

잘 알려진 것처럼 초코파이의 중국 콘셉트는 '인(仁)'이다. 단순히 중국에 한국의 '정'에 해당하는 개념이 없어서 '인'이라는 말을 도입한 것은 아니다. 중국에서 인간관계의 가장 최고봉을 칭하는 말이 '인'이다 보니 중국 내 초코파이의 비전을 그야말로 크게 멀리 보고 결정한 광고주의 혜안이 아니었나 싶다. 하지만 실제 광고를 제작하는 입장에서 보면 상당히 부담스러운 말이다.

'인'이란 사실 중국이 낳은 세계적인 철학자 공자가 말한 '최고의 인간관계'를 지칭하는 매우 고결한 말이다. 보통 사람이 하기 어려운 놀라운 선행을 한 사람에게만 '인을 행했다'라고 칭찬한다. 예를 들면 쓰촨 지진 때 자신의 위험을 무릅쓰고 타인을 위기에서 구출해낸 사람의 의로운 행위가 '인'이다. 그런데 겨우 1위안 남짓한 초콜릿 간식으로 '인'을 논해야 하다니…. 처음에 중국인 제작팀들이 고개를 절레절레 저은 것도 이해가 간다.

사실 한국의 정은 맹목적이다. 무슨 명분이 있어서 정을 베푸는 것이 아니다. 그냥 인간이니까 베푸는 거다. 인간 대 인간의 가장 근원적 따뜻함인 인정을 이야기하다 보니 그 대상은 가족이나 친구 등 주변 사람이 되는 것이 자연스럽다. 그러나 중국의 인은 명분이다. '훌륭한 일'이라는 평가가 이루어져야 작동하는 개념이라 관계의 멀고 가까움이 아니라 관계 속 행위가 의로운 일이어야 한다는 조건이 따른다. 그래서 초기 광고에서는 어려운 친구를 도와주거나 어른을 공경하는 착한 행위에 대한 보상으로 초코파이가 등장했다.

그러다 보니 어린이용 과자 광고 치고는 좀 진지하고 재미없다는 평가들이 나왔다. 반면 엄마들의 평가는 매우 좋았다. 반듯한 아이들이 등장해 옳은 행동을 보여주었기 때문이다. 하지만 구매 과정에서 아이들의 입김이 점점 세지는데다 과자 브랜드가 언제까지나 도덕 선생님처럼 고루하게 굴 수는 없었다. 점점 매출 성장도 둔화되는 상황이었고 뭔가 새로운 자극이 필요했다.

초코파이의 '인' 광고는 '나누는 행위 자체가 인'이라는
발상의 전환으로 새롭게 인기를 끌 수 있었다.
(사진 출처: www.orion.cn)

2014년 〈인이 있으면 친구가 생긴다〉 캠페인

2014년, 마침 초코파이의 '인'에 대한 새로운 관점이 필요한 시점에 업무를 맡았다. 쉬운 일은 아니었다. 그냥 제품 특징을 잘 이해해서 그것을 전달하는 것이 아니라 한 마디로 규정하기도 어려운 가치를 제품에 얹어서 전달하는 일이었다. 더구나 우리 입장에서는 낯선 외국 땅에서, 우리 것도 아닌 그들의 오래된 전통가치를 재해석해서 새로운 의미와 재미를 줘야 했다.

끝없는 내부 회의, 몇 차례의 광고주 보고 등으로 몇 달이 걸리는 지난한 작업이 이어졌다. 하지만 다 끝나고 결론적으로 정리해 보면 매우 간단한 전략이었다. 핵심은 초코파이가 '인한 행위에 대한 보상'이 아니라 초코파이를 '나누는 행위 자체가 인'이라는 발상의 전환이었다.

사실 어린아이가 자기 혼자 먹고 싶은 맛있는 간식을 친구와 혹은 주변 사람과 나누는 것 자체가 쉬운 일은 아니니까. 물론 마케팅적으로는 "더 많이 나눠먹으라"는 매출 증대 노림수가 숨어 있는 것이었지만, 표면적으로는 주변과 "사이좋게 많이 나눠먹으라"는 좋은 말로 의미를 부여할 수 있는 구조였다.

게다가 광고의 화룡점정은 당시 중국에서 가장 인기 있던 〈아빠

오리온 말차파이는 어린이층뿐 아니라 성인층까지도
먹을 수 있는 콘셉트로 광고를 기획했다.
(사진 출처: www.orion.cn)

어디가(爸爸, 去哪儿)〉에서 인기를 끌었던 임지령, 키미 부자가 등
장했다는 사실이었다. 임지령이 누구인가. 초대 중국 초코파이 광고
에 등장했던 그 잘 나갔던 가수이자 〈아빠 어디가〉의 모범적 아빠
이미지를 통해 제2의 전성기를 누리고 있던 인물이었다.

예전의 세련된 젊은 가수가 이제는 돌아와 멋진 아들을 둔 젊은

아빠로서 아들이 기차에서 만난 낯선 아이에게 초코파이 나눠주는 것을 흐뭇하게 바라보는 광경을 연출했으니, 일단 그림 상으로 재미가 있었다. 게다가 마지막에 떨어지는 슬로건은 '인이 있으면 친구가 있다(有仁有朋友)'라는 뜻으로, 제품과 브랜드 가치를 절묘하게 엮어낸 신의 한 수였다.

과거를 기억하는 사람에게는 기차여행의 낭만이라는 적당한 향수, 당시에 가장 핫한 인물이 주는 흥미로움, 게다가 초코파이와 인에 대한 멋진 해석까지 곁들여지면서 광고에 대한 소비자 조사 이래 가장 높은 광고 선호도를 기록하는 놀라운 성과를 이루었다. 더 고마운 것은 단순히 광고 선호도에 그친 게 아니라, 그해 초코파이 판매 실적도 기대 이상의 증가를 보여줬다는 점이었다. 낯선 외국에서 외국인 소비자를 대상으로 외국인들과 힘들게 일하는 수고로움을 일거에 보상받는 기분이었다.

2016년 〈인이 있으면 더 많이 나눈다〉 캠페인

2016년 중국에서 말차파이가 출시됐다. 어린이층뿐 아니라 성인층까지도 먹을 수 있는 덜 단 초코파이다. 두말할 것 없이 새로운 소비자 유입을 통한 더 큰 매출성장을 기대하는 제품이었다. 나누는 인이라는 개념은 유지, 어린이와 성인 모두 등장할 것, 신제품도 나와야 하지만 기존 제품도 소외되지 않도록 한다. 광고주의 요청사항은 언제나 그렇듯 동시에 실현하기 매우 힘든 희망사항들로 차 있었다. 하지만 당시 캠페인은 전략의 몫이라기보다는 제작의 몫이 컸다.

중국 내 '세대 차이' 문제는 어차피 누구나 아는 것이었고, 다양한 세대가 다양하게 나눠먹으며 즐길 수 있는 빨간 오리지널 파이와 초록색 말차 파이를 등장시켜 즐겁게 다 같이 먹으며 '나눠먹는 게 곧 인이다'라고 얘기하면 좋겠다는 방향은 어차피 누가 봐도 자명했다. 단, 이 뻔한 이야기를 뻔하지 않게 만들어야 하는 제작팀의 부담은 무거워 보였다.

이번에도 적절한 모델 기용이 많은 도움이 되었다. 바로 중국판 〈아빠 어디가 2〉에 등장한 황레이, 뚜어뚜어 부녀였다. 어른 취향의 신제품 말차 파이를 맛있게 먹는 아빠, 그리고 달콤한 빨간 파이를 먹다가 아빠에게 양보도 할 줄 아는 어른스러운 딸. 마침 딸의 예명은 뚜어뚜어(多多), 말 그대로 '많이많이'라는 의미다. 거기에 붙은 카피가 바로 〈인이 있으면 더 많이 나눈다(心中有仁 分享多多)〉

였다. 세대를 넘어서 자유롭게 나눠먹을 수 있는 다양한 맛의 초코파이, 그리고 양보하고 더 많이 나눠먹는 것이 인이라는 메시지까지 다시 한 번 모든 것이 절묘하게 들어맞았다.

광고는 역시 인기를 끌었고, 신제품 덕분에 매출도 뛰었다. 사실 걱정은 신제품 효과로 인한 반짝 매출보다 이 제품이 지속적으로 자리 잡을 수 있느냐 하는 것이었는데, 2년이 지난 현재까지도 꾸준히 매출을 유지하는 것을 보면 어쨌거나 초코파이로서는 그 어렵다는 라인 익스텐션*을 매우 성공적으로 이루어낸 셈이다.

5년간 애정을 가지고 가까이에서 지켜본 결과, 초코파이의 생명력은 출출해서 '혼자 먹는' 간식을 넘어서 '나눠먹는' 명분을 제공하는 브랜드 가치에 있는 듯하다. 그것이 한국에서는 정이고 중국에서는 인이다. 자리 잡기는 어려웠지만, 한 번 자리 잡으니 쉽게 흔들리지 않는 좋은 가치다. 의외로 중국의 브랜드 중에 '인'을 이야기하는 것은 거의 없으므로 굉장히 차별적이기도 하다. 모쪼록 중국에서 중국인들과 같이 호흡하면서 계속 사랑받는 브랜드로 성장하기를 멀리서나마 기원하는 바이다.

---

* 라인 익스텐션: 오리지널 제품이 정체될 경우나 공격적 성장을 위해서, 맛이나 제형을 다양화하는 방식으로 동일 브랜드 내 세부 제품 라인을 늘리는 마케팅 방식.

05
오리온 큐티: 〈초코 다층 케이크, 층층이 녹아내리네〉

초코파이의 예쁜 누나

2004년 오리온 초코파이가 성공적으로 자리 잡고 난 후, 새로운 초코 제품이 론칭되었다. 초코파이와는 달리 네모난 모양에 마시멜로가 아닌 커피, 헤이즐넛 같은 어른스러운 내용물을 담고, 훨씬 부드럽고 잘 녹아내리는 바디감을 갖고 있는 제품이었다. 그리고 매우 여성스러운 이름, '큐티(Q蒂)'. 패키지도 그에 맞춰 여성 취향의 세련되고 고급스러운 느낌이다.

초코파이가 어린이부터 부모까지 모든 층을 공략한 대중적인 제품이라면 큐티는 나이로는 성인층 중심, 성별로는 여성을 타깃으로 조금 더 뾰족하게 찢고 들어간 틈새시장 제품이었다. 비슷해지면 초코파이 시장을 오히려 뺏어먹는 역할을 할 수도 있었으니 회사 입장에서는 당연한 차별화였다.

하지만 시장을 좁히면 좁히는 대로 또 걱정이 생기게 마련이다. 너무 작은 시장만 공략하는 거 아냐? 그래도 좀 더 많은 사람에게 어필해야 하는 거 아냐? 진짜 여자만 먹고 남자는 아무도 안 먹는 거 아냐? 이 시점에서 필요한 것이 전략적 판단인데, 다행히 오리온 측에서는 현명하게도 여성 타깃의 프리미엄 초코 제품이라는 좁지만 분명한 시장 공략을 방향으로 잡았다.

매출은 서서히 증가했다. 광고 활동 없이도 혼자서 평균 40% 이상의 숫자를 보이며 지속 성장했다. 오리온에서는 2012년에 들어 시장을 본격적으로 키워보기로 결정하고 광고 대행사를 불렀다.

파이가 아닌 케이크

론칭 후 8년이 지난 '큐티'는 이미 신인은 아니었다. 꾸준히 찾는 팬층이 꽤 존재하는 늦깎이 신인이었다. 그렇다면 좋아하는 사람들이 왜 좋아하는지를 제대로 이해하는 것이 관건이었다. 특이한 네모 모양, 헤이즐넛 맛, 부드러운 촉감 등등. 제품 차원의 강점은 예측 가능했다. 하지만 사람들 이야기 중에 오히려 눈길을 끄는 것은 '소(小)부르조아'라는 묘사였다. 당시 중국에서 '소(小)부르조아'는 고급 취향을 가진 교양 있는 지식인을 의미했다. 이미 '작은 사치'라는 이야기도 일부 등장했다.

초코파이와는 분명히 달랐다. 파이가 누구나 편하고 쉽게 먹는 것이라면, 이건 좀 '느낌 아는' 언니들이 먹는 특별한 것이었다. 이걸 뭐라고 이야기하면 좋을까. 사람들 입에서 직접적으로 나온 것은 아니었지만 힌트는 당시 상황 속에 있었다. 바로 카페와 케이크로 대표되는 디저트 문화였다.

2008 베이징올림픽 이후 중국에서는 생활의 질에 대한 개념이 본격적으로 펴졌고, 하나를 먹더라도 혹은 돈을 조금 더 치르더라도 더 맛있고 고급스럽고 분위기 있는 것을 찾는 경향이 생겨나고 있었다. 외국 생활 경험이 있는 젊은 층도 늘어나면서 커피 소비도 늘었고, 시내를 중심으로 스타벅스 같은 외국 프랜차이즈 카페가 하루가 다르게 늘어나는 추세였다.

이런 카페에서는 이전 찻집과 달리 외국식 디저트류를 많이 팔았고, 식후 커피와 함께 케이크를 먹는 오피스 레이디 역시 많아지고

满足你每一层小心里，Q蒂
巧克力多层蛋糕

한 층 한 층 당신의 섬세한 마음을 만족시킨다
초콜릿 다층 케이크, 큐티

있었다. 우리 타깃은 바로 이런 사람이다. 그리고 우리 타깃의 마음 속에서 큐티는 이런 케이크와 가장 비슷한 제품이었다.

비록 슈퍼마켓에서 대량으로 사서 사무실 서랍 속에 쟁여두고, 배고플 때 챙겨 먹는 양산 파이 중 하나였지만, 마음만은 그랬다. 초코파이 대 초코케이크. 오리온 초코파이와 오리온 큐티라는 오누이는 이렇게 자기만의 영역을 갖게 되었다.

2013년 〈다층 케이크, 여자의 다층 심리를 만족시키다〉 캠페인

케이크라는 말을 들었을 때, 사람들이 가장 많이 떠올리는 것은 몇 겹의 빵 사이에 다양한 재료들이 놓여 있고 바깥을 생크림이나 초콜릿이 감싸고 있는 모습이었다.

즉, '다층(多層)'이라는 것이 직관적으로 재료의 풍부함과 고급감을 연상시킨다는 이야기다. 이것에 착안해 론칭 광고는 '다층 케이크'라는 말로 제품의 특징과 고급감을 분명하게 전달했다. 더불어 '다층'이라는 것에서 연상되는 여자들의 복잡 미묘한 심리를 광고의 재미요소로 활용했다.

"이랬다 저랬다 헷갈리는 내 마음. 나도 몰라. 그래도 이런 내 마음을 용케도 이해해주는 초코 다층 케이크 큐티"라는 카피가 예쁜 여자 모델의 표정과 대사를 통해 표현되었다.

하려는 말이 분명한 광고였고, 제품의 식감도 층층이 매우 맛있게 전달되었다. 두말할 것도 없이 타깃은 광고를 좋아했고 시장 반응은 빨랐다. 뜨거운 반응에 힘입어 그다음 해에 바로 2차 광고를 제작하게 되었다.

2014년 〈다층매력, 층층이 녹아내리다〉 캠페인

론칭 광고가 성공하면서 광고 모델에 투자할 수 있는 여력도 커졌다. 마침 〈꽃보다 남자〉 등 한류 드라마, 한류 스타들의 엄청난 전성기였고 광고 모델로 한류 스타들은 매우 매력적인 대안이었다. 중국 스타들보다는 살짝 세련된 분위기, 그러면서 뭔가 이국적인 느낌이 났다. 하지만 서양의 눈 파란 모델처럼 이질적인 느낌이 아닌 적당한 친밀감도 느껴진다. 게다가 인지도 대비 모델료도 합리적인 수준이었다.

가장 대표적인 한류 스타 이민호를 염두에 두고 고민을 했다. 이민호는 나름 연기파 배우다. 달달하고 낭만적인 얼굴도 있고 그런가 하면 강하고 남성적인 면모도 있다. 큐티와는 다층이라는 공통점을 찾았다. 끝없이 매력이 계속 나온다는 '다층매력'이 광고 콘셉트가 되었다.

제품적으로는 단순히 여러 층으로 만들어졌을 뿐 아니라 실제 먹을 때면 그 층들이 입 속에서 사르르 '잘 녹아내린다'는 강점을 내세웠다. 그렇게 해서 만들어진 2차 광고가 〈다층매력, 층층이 녹아내리다(多层魅力 瞬间融化 层层相融)〉 캠페인이었다.

처음에는 살짝 걱정도 되었다. 아무래도 모델이 중심이 되다 보니 제품이 안 보이는 거 아냐? 모델 홍보만 실컷 하고 제품은 안 팔리는 거 아냐? 결과는 걱정이 무색하게도 이전 광고보다 매출에 더 효과가 있었다. 매장에서 모델의 얼굴이 제품 옆에 직접 노출되었던 것이 우리 소비자의 눈길을 심히 끌었다나. 감사한 일이었다.

물론 제품으로도 더할 나위 없이 훌륭했지만, 더 많은 소비자가 처음에 이 브랜드를 찾게 되는 데 나름 큰 지렛대 역할을 한 것은 당시의 '카페 문화' 그리고 '한류 드라마 열풍'이었던 것 같다. 하지만 아직은 초코파이의 '인'처럼 중국 사람들의 DNA 속에 각인된 어떤 가치에 붙어 있지는 않다. 하나의 굳건한 가치가 없는 대신 타깃의 새로운 트렌드에 민감해야 하는 게 어쩌면 큐티의 숙명 같기도 하다. 이제는 멀리 떠나와 있지만, 여전히 잘 지내는지 궁금한 브랜드 '큐티'다.

06
오리온 예감: 〈난 예감만 먹어〉

'튀기지 않은' 감자의 힘

'튀기지 않은'을 중국어로는 '非油炸'라고 한다. 말 그대로 정확히 번역하면 '기름에 튀기지 않은'이니 그냥 '튀기지 않은' 보다 의미가 정확하고 강하다. 그래서인지 중국에서 감자 스낵 '예감'은 제품의 존재감이 한국보다 훨씬 강하다. 모든 감자 스낵을 '튀긴' 것과 '안 튀긴' 것으로 나눌 수 있고, 경쟁사에서 수많은 미투 제품을 양산할 만큼 말이다.

처음 시장에 이 콘셉트로 내놓을 때는 "너무 작은 시장 아닌가", "맛없어 보이지 않을까" 하는 걱정도 분명히 있었을 텐데, 그래도 거대한 중국에서 살아남으려면 확실히 남달라야 한다는 철칙을 오리온은 잘 지켰던 것 같다. 그리고 이 직설적인 화법은 꽤나 효과적이었던 것으로 보인다.

특히 핵심 타깃인 여성층들은 늘 식품의 칼로리와 다이어트에 신경 쓰는 게 일상이다 보니 안 튀긴 제품에 관심을 더 기울이게 되었을 것이다. 중국어 브랜드 네이밍 역시 절묘했다. 중국어로 '예감'을 '슈위앤(薯愿 = 감자의 소원)'이라 한다. "더 이상 뜨거운 기름에 튀겨지지 않았으면 해"라는 귀여운 감자의 소원으로도 해석되고, 조금 더 생각해 보면 "더 이상 기름에 튀긴 감자를 먹고 싶지 않아"라는 여성들의 소원으로도 해석된다.

다이어트 제품을 넘어선 그 무엇을 찾아서

2014년 론칭 이후 7~8년간 성장 가도를 달리던 중국 '예감'에 새로운 변화가 필요하다는 판단이 내려졌다. '기름에 튀기지 않은'이라는 강력한 콘셉트는 제품적인 차별화는 가능했지만, 브랜드 관점에서 보면 스낵다운 재미는 없다는 반응들이 있었다. 어차피 스낵이 건강하자고 먹는 제품은 아니니까 스낵이면 스낵답게 통통 튀는 재미와 즐거움이 있어야 하지 않을까 하는 어찌 보면 당연한 브랜드 성장통이었다.

특히 유저 이미지가 심각했다. 먹지 않는 사람들에게 물어보면 왠지 독불장군에, 건강만 생각하고, 자기 몸 엄청 챙기는, 재미와 융통성은 없으면서, 안경을 쓴, 그런 여자가 주로 먹을 것 같다는 반응이었다. '다이어트 = 심각하고 무겁고 맛없는'이라는 직관적인 연상 구조였다.

'직관적'이라는 것이 함정이었다. 어차피 스낵이니까 논리보다 감각이다. 어떻게 하면 우리 브랜드를 밝고 경쾌한 브랜드로 쉽게 연상하도록 만들 수 있을까?

이럴 때 가장 센 방법이 셀럽을 활용하는 것이다. 마침 2014년은 중국에서도 한류 드라마 〈별에서 온 그대〉에 나온 '천송이'가 엄청난 힘을 발휘하던 해였다. 원래 전작 〈엽기적인 그녀〉로 인지도를 가지고 있던 전지현이 여신의 미모를 가지고, 엉뚱 털털한 매력을 발산하자 특히 중국의 젊은 여성들은 거의 환호를 질렀다.

중국의 아름다운 연예인들은 정말 아름다움에 충실한 역할들을 주로 하지 절대 망가지지 않는다. 그들은 말 그대로 여신이다. 그런데 전지현은 이들에게 지지 않는 여신급 미모를 지니고도 천연덕스럽게 속 보이는 허세를 부리고, 말도 안 되는 식탐을 내보이고, 아줌마 같은 주책을 떨어대니 너무 인간적이고 반가웠던 거다. 물론 워낙 미모가 받쳐주니 모든 것이 용서가 된 것이겠지만 말이다.

2014년 〈난 튀기지 않은 것만 먹어. 그래서 난 예감〉 캠페인

어쨌거나 모든 것을 갖춘 사람의 망가짐은 오히려 자신감으로 보인다는 것이 주효했다. 전지현은 중국 '예감'이 원하는 모든 것을 가지고 있었다. 누구나 먹는 튀긴 감자와는 다른 것을 선택하는 과감함, 튀기지 않은 음식과 잘 어울리는 날씬함, 머리부터 발끝까지 넘치는 자신감, 먹을 때는 몰입해서 정말 맛있게, 즐겁게 먹는 단순함, 외모부터 성격, 재능까지 모든 여자들의 워너비가 바로 천송이, 전지현이었다.

그렇게 해서 전지현과 중국 '예감'이 만났다. 전지현은 거두절미하고 '예감'을 바삭바삭 맛있게 먹었고, 자신 있게 한 마디 던졌다.

"난 튀기지 않은 것만 먹어. 그래서 난 예감. 너는?"

다른 사람이 다르게 말하면 재수 없게 들릴 수 있었지만, 전지현이 천송이의 캐릭터로 말하자 그 말은 그 자체로 엄청난 힘이 생겼다.

광고 집행과 함께 매장 패키지에도 모델의 모습이 담겼다.

　서로 운이 좋았다. 광고 집행과 함께 매출은 그야말로 훌쩍 뛰었다. 모델 입장에서도 그냥 특징 없이 아름다운 모습으로만 소비되는 것보다는 분명한 캐릭터로 다시 한 번 각인해 주니 나쁘지 않았으리라 짐작한다.

2016년 〈난 예감만 먹어〉 캠페인

1년이 지났다. 이미 유명인을 활용한 이미지 광고의 힘을 실감한 후라 다른 방향을 생각하기는 어려웠다. 게다가 제품 뉴스가 없는 상황이라 다르게 갈 수 있는 방향도 많지는 않았다. 단지 다시 한류 모델을 활용하는 것에 대한 부담이 있었다. 자신감 있는 이미지에 스낵의 가벼움을 즐겁게 연기할 수 있는 중국 출신의 모델이 누가 있을까 고민을 하게 되었다.

　대안이 많지는 않았던 것 같다. 그냥 예쁜 얼굴이 아니라 자기주장이 명확한 사람, 평면적인 캐릭터가 아니라 선악을 넘나드는 입체감을 가진 사람이 누굴까? 결론은 탕웨이였다.

　탕웨이를 묘사한 팬들의 글 중에서 인상적인 말이 있었다. "고급스러운 드레스를 입고 화장실에 가도 자연스러운 느낌을 준다", "남들과 다른 자기 생각을 당당하게 말하고, 자기 생각한 대로 행동하는 데도 얄밉지 않고 자연스럽다." 예감의 2차 광고 이미지에 그야말로 딱 들어맞았다.

탕웨이의 '예감' 광고 역시 대사는 많지 않다. 자신감 있게 전신 거울에 비친 자기의 모습을 보고, 장국영의 맘보춤을 추고, 혼자서도 즐겁게 예감을 바삭바삭 먹은 후 그냥 한 마디 한다.

"나는 예감만 먹어."

이번에도 나쁘지 않았다. 특히 이 제품을 원래 좋아했던 팬 층의 충성도는 더욱 확고해졌다. 이는 경쟁이 치열해서 수시로 브랜드 교체가 일어나는 스낵 시장에서는 매우 특이한 현상으로 받아들여졌다.

세상에 '예감' 같은 여자는 계속 있을 테니

이제 다음에는 무엇을? 초코파이의 '인'처럼 십 년 이상 브랜드를 이끌어온 가치는 그 자체로서 힘을 가진다. 하지만 아직 브랜드 가치가 분명하지 않은 경우에는 캠페인마다 매번 고민을 하는 수밖에 없다. 개별 캠페인에서 전달되었던 것 중 사람들의 마음속에서 오래가는 어떤 요소가 있다면, 거꾸로 다음 캠페인에서 다시 한 번 시도해 보고 그 결과를 계속 살펴보는 것도 의미가 있다.

지금까지의 가설은 '예감'이 누구나 먹는 뻔한 감자 스낵이 아닌 것처럼, 뻔하지 않은 자기만의 선택을 하고, 라이트하고 경쾌한 것을 좋아하는 젊은 여성이 좋아하는 어떤 것을 제대로 표현하면 분명히 좋아하고 공감한다는 것이다. 결국은 늘 바뀌는 취향 속에서 절대 뻔해지지 않도록, 부단한 노력으로 브랜드의 감각을 관리하는 노력이 가장 중요하다.

07
네이버 라인:
〈라인으로 사랑에 빠지다〉

청춘의 이름으로, 라인

웨이신(微信)은 중국의 카카오톡이다. 2011년 중국 최초로 론칭한 메신저 서비스 브랜드로 2018년 현재 8억 5천만 명의 중국인 이용자들이 가입해 있다. 말 그대로 '국민 메신저'다.

지금이야 워낙 압도적인 점유율을 차지하고 있어 경쟁이 무의미하지만, 2014년 당시에는 그래도 비교적 초기 서비스 단계로 웨이신 외에도 차이나 텔레콤이 만든 이신(易信), 알리바바가 만든 라이왕(来往) 등 경쟁자들이 차별화를 내세우며 광고 활동도 활발하게 벌이고 있었다. 당시는 구글이나 페이스북처럼 세계적으로 가입자

수가 엄청나고 막강한 파워를 가진 온라인 서비스들은 모두 중국 내에서 원칙적으로 불허했지만 아직 세계적으로 확산되지 않은 '라인' 같은 서비스들은 대놓고 불허하지는 않던 상황이었다.

처음 중국에 진출하는 네이버 라인은 계산이 있었다. 중국 내에서 메이저 시장은 아니더라도 차별적으로 치고 들어갈 수 있는 시장이 있고, 이것만 차지해도 사이즈는 꽤 크다고 판단해 본격적으로 마케팅을 시작하려는 참이었다. 당시 네이버 라인의 강점은 무료 통화, 해상도 높은 영상 통화, 보이스 메시지 등 기술적인 것도 있었지만 뭐니 뭐니 해도 브라운, 코니 같은 독특한 캐릭터들과 젊은 층의 입맛에 맞는 상황별 스티커들이 핵심이었다. 게다가 당시 유행했던 한류 드라마 캐릭터들을 활용한 참신한 비주얼의 모바일 스티커들은 폭발적인 호응을 얻었다.

중국의 젊은 층들에게도, 엄마 아빠와 다 같이 쓰는 웨이신이라는 플랫폼이 지루하고 올드한데 서양의 메신저는 못 쓰게 하니, 뭔가 다른 걸 써보고 싶다는 생각이 분명히 있었다. 타깃은 심플하고 정확했다. 공적·사적인 일로 메신저를 한창 사용하는 20대 젊은 층이었다. 이들에게 직장 상사, 어른들과의 메신저는 웨이신으로 하더라도 친구들, 연인과의 대화는 라인으로 해 보라는 것이 메시지였다.

2014년 〈라인으로 사랑에 빠지다〉 캠페인

전 세계 청춘이 가장 좋아하는 것은 연애, 혹은 사랑이다. 마침 중국에서 한류가 뜨거웠던 시기였다. 한국인 남자와 중국인 여자가 우연히 만나 라인이라는 메신저를 통해 사랑이 진행되는 스토리는 제품 특징과도 맞고, 당시 상황과도 잘 맞는 절묘한 아이디어였다. 반면 처음 소개되는 이 '라인'이라는 이름을 어떻게 잘 알릴 것인가 하는 고민이 있었다. 중국의 모든 메신저 서비스에는 통신(通信)의 신(信)자가 공통적으로 붙는다. 반면 라인은 영어라서 참신하고 세련되어 보인다는 강점도 있지만, 표의문자인 중국어 특성상, 뜻을 어떻게 쉽고 의미 있게 전달할 것인가도 하나의 과제였다.

결과는 브랜드 이름과 캠페인 테마의 절묘한 결합으로 탄생했다. 캠페인 슬로건은 "라인으로 사랑에 빠지다(一线钟情, 이시앤총칭)"였다. 원래의 뜻인 "한 눈에 사랑에 빠지다(一见钟情, 이지앤총칭)"는 숙어 같은 중국어 표현이지만 '한 눈' 대신 '한 (번의) 라인'으로 대체해서 만들어낸 말이다. 의역하면 "한 번의 라인으로 사랑에 빠지다"라는 의미다. 중국어 슬로건을 만들 때에는 종종 이런 식으로 원래 있는 중국 숙어에서 글자나 단어 하나를 교체해 말의 맛을 살리면서 기억을 용이하게 만들곤 한다.

○ 스티커 편

LINE 心情贴图,
胜过千言万语

라인 마음이 통하는 스티커.
천언만어(수많은 말)보다 더 쉽게

○ 보이스 메시지 편

Line 语音信息,
即时传递浪漫蜜语

라인 보이스 메시지.
로맨틱하고 달콤한 말이 즉시 전달되도록

○ 프리콜 편

实现远距离的触手可及
LINE 免费通话

멀리 있어도 손을 뻗으면 닿을 수 있을 만큼 가까이.
라인 프리콜

○ 영상통화 편

纵使两地分隔,
也能想见就见,
LINE视频通话

먼 곳에 있어도,
보고 싶다면 언제든지 바로 볼 수 있는,
라인 영상통화

캠페인 구조는 하나의 콘텐츠를 중심으로 다양한 변주를 만들면서 여러 가지 형태로 소비자 노출을 늘리는 형태였다. 일단 중국의 대표적인 동영상 사이트인 '아이치이(爱奇艺)'에서 "라인으로 사랑에 빠지다(一线钟情)"라는 10분짜리 3부작 드라마가 방영되었다. 그리고 그 전후로 메이킹 필름을 통한 사전 붐업, 실제 제품 특징을 정확하게 보여주는 4편의 광고물 노출도 진행됐다. 시간이 흐른 후에는 드라마 OST를 활용해 두 주인공의 아름다운 러브 스토리를 뮤직 비디오로 만들기도 했다.

4편의 광고물 카피들은 매우 쉽고, 제품 특징을 잘 전달하면서도 젊은 타깃이 좋아할 만한 이야기들이라 광고적인 완성도도 매우 높았다. 드라마와 광고 상영 후 중국 내 지상파 포함 모든 드라마 순위에서 11위를 차지할 정도로 인기를 끌었고, 돈이 들지 않는 제품 특성상 소비자의 신규 가입은 매우 활발하게 일어났다.

IT 기업 중국 진출의 한계

하지만 광고 캠페인 결과 가입자 숫자가 눈에 띄게 늘어나자 오히려 중국 당국에게 이는 경계경보 역할을 했다. 이제 더 이상 라인은 소수의 외국인이 쓰는 메신저 서비스가 아니라 다수의 중국 젊은 층이 다운받기 시작하는 인기 메신저가 되었다. 이에 따라 중국인의 일상 속 개인정보가 외국 브랜드로 넘어간다고 판단하는 순간, 라인은 위험한 매체가 되는 것이다.

공공연한 온라인 접속 차단이 일어났고, 접속 불량은 곧 메신저 서비스 품질의 문제가 되면서 신규 가입을 막는 결과를 가져왔다. 얼마의 시간이 더 흐른 후 결국 라인은 손을 들고 철수했다. 중국 내 성공적인 론칭을 위해 같이 고민했던 입장에서 너무나 아쉬웠다. 하지만 몇 년 후 라인 캐릭터 사업이 중국에서 매우 활발하게 이루어지고 있다는 이야기를 듣고 반가웠다. IT 기업으로서 살아남지는 못했지만 그때의 인지도와 이미지가 그 이후 캐릭터 사업에 어느 정도 도움이 되었으리라 생각하며 스스로 위안을 삼았다. 라인 중국 사업, 어쨌거나 건승을 기원한다!

5장

트렌드를 넘어
기획력으로 승부하는
중국 마케팅

중국 마케팅에 질적 전환의 시기가 오고 있다.

14억 인구에 대한 양적 기대감을 버리고, 수준 높은

트렌드 세터의 눈높이에 맞춰 승부하자.

괜찮은 아이템 하나로 히트 치겠다는 생각은 위험하다.

중국 업체에게 금방 카피 당할 것이다.

실행할 때는 당당함이 가장 중요하다.

중국인에게 브랜드는 곧 사람이기 때문이다. 특히

누구 뒤에 숨지 말고 한국인 CEO가 직접 나서라.

하지만 현장에서는 다양한 원인으로 상황이 나빠질

가능성이 도처에 있다.

그럴 때는 기개와 솔직함을 가지고 대화해 보자.

결국 그곳도 사람 사는 곳이다.

01
트렌드 코드를 넘어
프리미엄 마케팅으로

넓고 얕은 한류 유행은 이제 그만

2013년 막 중국에 갔을 때 충격적인 광고를 하나 봤다. 출출할 때 먹는 초콜릿바 스니커즈 광고였다.

"饿的时候, 你是谁?(출출할 때, 당신은 누구입니까?)"라는 자막이 뜨고, 세 명의 젊은 남자가 열심히 산을 오르다가 뒤따라오는 한 명의 친구를 찾는다. 그런데 뒤에서 난데없이 환자복을 입은 아가씨가 낑낑거리며 따라오고 있다. 그런데 이 아가씨가 한국말을 하고 중국어 자막이 뜬다.

"오빠, 기다려… 조금만 쉬어가면 안 돼?

스니커즈 광고 중 희화화된 한국 여자 캐릭터.
약한 척하는 민폐 캐릭터다.
(사진 출처: 유투브 영상 캡처)

(饿吧~等。。等我。能坐下来一会吗?)"

친구들이 한심한 듯이 바라본다.

"你演韩剧呢要死要活的?

(죽네 사네 하는 게 너 아주 한국드라마를 찍는다?)"

보다 못한 친구들이 스니커즈를 내밀고, 덥석 베어 문 여자는 남자로 변신한다.

"好了(됐어.)"

다시 남자가 되어 민망한 친구는 급히 산을 오른다.

그 뒤로 친구들은 "오빠, 오빠" 하며 놀리면서 따라간다.

마지막 카피는 "士力架, 真有劲(스니커즈, 정말 힘이 나요.)"로 끝이 난다.

어떤 이는 중국에서 한류가 이 정도로 영향을 미친 거라고 흐뭇하게 얘기하기도 했지만, 사실은 한류에 등장하는 여자 캐릭터를 희화화한 것이다. 약한 척하고, 예쁜 척하고, 사소한 사건을 가지고 죽네 사네 크게 문제를 일으키는 전형적인 민폐형 여자 캐릭터.

다 그런 건 아니었겠지만, 대체로 중국에서 크게 유행했던 한류 드라마는 전형적인 신데렐라 스토리였다. 아무것도 할 줄 모르지만 예쁘고 순진한 여자 주인공이 눈만 동그랗게 뜨고 있으면 든든한 남자 주인공(주로 실장님)이 모든 것을 해결해주는 식이다. 대중적으로 히트는 쳤지만, 좀 앞서가는 젊은 층 사이에서는 미국 드라마나 일본 드라마 대비 다소 수준이 떨어지는 '하이틴 로맨스' 취급을 당한 것이 사실이다.

우리 사무실에서 같이 근무했던 직원들도 한류 드라마를 보긴 하지만, 자신들은 '좀 다른' 것을 본다고 한사코 선을 긋곤 했다. '한류가 한국 브랜드들에게 좋은 기회를 제공한 것도 맞지만, 어떻게 보면 그 한계까지 같이 정해버렸던 부작용도 없지 않았다. '한류'는 하나의 '트렌드' 코드였을 뿐, 우리가 기대했던 럭셔리나 프리미엄 문화 코드는 아니었다. 한류를 입힌 한국 브랜드들은 자체의 경쟁력보다 유행에 쉽게 영향을 받는 천수답 같은 위치에 놓여 있었다. 말하자면 중국인들이 진정 부러워하고 따라 하고 싶은 '앞선' 문화가 아니라, 일회성 재미로 소비하는 '색다른' 문화였을 뿐이었다.

이제 드라마가 대중적으로 크게 히트를 쳐서 주연 배우가 중국에서 몇십 개 광고에 출연해 돈을 왕창 벌어가는 식의 한류가 더 이상 통하지 않는다는 사실은 그리 애통해 할 일은 아니다. 한국 브랜드가 장기적으로 자리 잡기 위해, 오래가는 힘을 실어주기 위해서는 중국에서 수준과 취향을 인정받는 그룹이 찾는 독특한 문화 콘텐츠가 되는 것이 더 의미가 있을 것이다. 넓고 얕기보다는 좁고 깊게.

요즘 젊은이가 좋아하는 한류 콘텐츠는 다르다

그런 시각에서 중국의 요즘 젊은이들이 새롭게 발견하는 한류 드라마의 의미는 크다. 최근 중국 대학생들 사이에서는 〈미생〉, 〈응답하라 시리즈〉 〈식샤를 합시다〉 등 지금까지 한류와는 결이 다른 소재의 드라마가 꾸준히 인기를 끌고 있다. 꼭 로맨스물이 아니라도, 유명한 한류 스타가 등장하지 않더라도, 탄탄한 스토리 구조와 일상 속 섬세한 공감을 자아내는 한국 드라마가 새롭게 인정받고 있는 것이다.

또 다른 하나의 갈래로는 사회 문제를 다룬 장르 드라마들이 인기를 끌고 있다. 언론의 공정성을 문제 삼았던 〈피노키오〉, 법의 공정성을 화두로 삼은 〈비밀의 숲〉, 새로운 방식의 동양적 미스터리물 〈미씽 나인〉 등도 인기라고 한다. 이들 드라마는 공통적으로 중국 드라마가 다루기에 상대적으로 어려운 장르다. 대부분 50~60부작으로 엄청난 시간 투자가 필요한 중국 드라마 대비 20부작 내외로 상대적으로 압축적인 구조 역시 인기의 동인이 되고 있다.

대중적인 중국인에게 통하는 전형적인 로맨스물뿐만 아니라, 다양한 소재와 완성도 있는 스토리와 연출력을 갖추고 중국의 젊은 '오피니언 리더'들에게 어필하는 콘텐츠들이 많아져야 한다. 그래야 한국 일상 문화의 경쟁력이 한 단계 더 올라가고, 이런 평가가 축적되어야 한국 브랜드를 보는 시각 역시 한 단계 올라가지 않을까 싶다.

다양한 문화, 다양한 층위가 존재하는 큰 나라 중국

한국에서는 타깃 세그멘테이션*이 그다지 필요 없다는 이야기를 할 때도 있었다. 워낙 시장이 작고 동질적이라 지역이나 나이, 취향에 따른 차이보다는 가용하는 예산의 상·중·하만 있으면 그에 따른 제품의 수준, 서비스의 질 등 모든 것이 결정되던 때였다. 물론 지금은 달라졌지만 말이다.

중국 역시 초기에는 비교적 단순한 시장이었다. 하지만 현재는 다양하게 분화되고, 뚜렷한 취향 차이를 보이는 집단들이 분명히 존재한다. 더구나 중국 시장은 하나의 취향, 하나의 층위만 제대로 공략해도 한국의 시장만큼 사이즈가 쉽게 확보된다는 점이 특징이다. 우리가 중국 시장을 결코 포기할 수 없는 이유이기도 하다. 다 차지할 생각을 군이 하지 않더라도 충분히 공략할 만한 시장이 있다는 얘기다. "14억 인구에 볼펜을 하나씩 팔아도"라는 이야기는 사실 잘못된 전제다. 저 넓은 국토에 펼쳐진 14억 인구에게 볼펜을 하나씩 팔려면, 볼펜을 알리기 위한 마케팅 비용에, 공급을 위한 물류비용까지 치러야 할 값이 너무 크다.

하지만 관점을 바꿔 내 것을 좋아할 만한 1억에게만 제대로 알리

---

*
타깃 세그멘테이션: 소비자 집단을 나누고(세그멘트), 그 여러 개의 세그멘트 중 자사 브랜드에 가장 맞는 집단을 고르는 것.

고 찾아오게 만들면, 그것만 해도 한국의 몇 배 시장이다. 돈 많이 들어가고 효과는 불확실한 '14억 무차별 투자'보다는 적절한 투자에 효과가 보일만 한 '1억 집중 투자'가 훨씬 효율적이라는 점을 명심하자.

네이버 라인은 2014년 SNS 서비스로 도전장을 내밀었다가, 중국 정부의 보이지 않는 타국 인터넷 규제 정책에 밀려 이 사업을 거의 접었다. 하지만 그 뒤 라인 프렌즈 캐릭터가 대박이 났다. 2015년 상해 신천 지점을 시작으로 현재 중국 내 8개의 정규 스토어를 보유하고 있다. 한국 이태원의 라인 브랜드 스토어 역시 한국에 온 중국 관광객들이 반드시 들르는 코스라고 한다.

오프라인의 성공뿐 아니라 더 놀라운 것은 온라인의 성공이다. 라인 프렌즈는 2015년에 중국 최대 온라인 쇼핑몰 티몰 내 글로벌 스토어에 입점하여 중국판 블랙 프라이데이라고 불리는 광군제에 참여하기 시작했다. 그 첫해에 목쿠션, 헤어밴드 및 고가의 110cm 인형 기획전 등을 진행하여 행사 시작 3시간 만에 약 15억 원의 매출을 기록하며 완구 카테고리 1위를 달성했다.

라인의 인기는 현재 진행형이다. 2017년 광군제에서도 총 46억 원의 매출을 기록, 3년 연속 영유아 완구 부문 판매 1위를 차지하

라인 프렌즈 카페와 진열된 제품들.

한국 브랜드 건으로 인터뷰를 요청하면 잘 응해주시던, 상하이대 인류학과 교수 왕샤오밍. (사진 출처: 바이두)

며 그 인기를 지켜나가고 있다. 여기서 주목해야 할 것은 중국은 라인 프렌즈에 있어서 다양한 시도를 가능하게 하는 테스트 베드* 역할을 한다는 점이다.

중국 상해를 시작으로 북경, 청두, 항저우, 천진에 등장했던 초코하우스 팝업스토어는 기존 인기 캐릭터인 브라운이 아닌 '초코'를 전면에 내세운 새로운 도전이었고 이는 성공으로 이어졌다. 특히 특별한 장소에서 사진을 찍고 SNS에 포스팅 하는 것을 좋아하는 중국의 신세대들에게 초코하우스는 키덜트적인 감성을 마음껏 펼칠 수 있는 핫 플레이스로 등극했다.

티켓을 끊어야만 입장할 수 있었던 초코하우스 팝업스토어의 메

*
테스트 베드: 새로운 기술, 제품, 서비스를 시험 삼아 실행해볼 수 있는 곳.

인 구역에는 하루 3,500명의 입장 제한이 무색할 만큼 오픈과 동시에 1만 명의 소비자가 줄을 서서 기다리는 진풍경이 벌어지기도 했다. 어린아이들을 데리고 주말마다 새로운 체험거리를 찾아 헤매는 중국 신세대 가족들을 타깃으로 만든 북경 인타이점 내 키즈 공간 역시 엄청난 인기를 끌면서 엄마들 사이에서는 핫 플레이스로 당당히 자리 잡아 가고 있는 모습이다.

다시 말하지만 중국은 사람이 많다. 취향도 다양하다. 우리 것을 좋아할 만한 눈 밝은 일군의 소비자를 발견할 가능성은 오히려 한국보다 높다. 새로운 시도가 성공적인 것으로 판명이 되면 중국 내 다른 지역으로 뻗어 나갈 수 있고, 아시아권 다른 나라로 진출하는 데 든든한 발판이 될 수도 있다.

앞서가는 문화가 곧 프리미엄

2000년대 밀레니얼 디지털 시대를 맞아 한발 앞선 첨단 제조업으로 글로벌 시장 공략에 나선 한국 브랜드는 대략 10년간 영광의 시기를 맛보았고, 지금은 잠시 그 위상이 흔들리고 있다. 성공의 요인은 명확했다. 싼 노동력과 한국인 특유의 열정과 일사불란한 조직력이 가장 중요한 원동력이었다. 아쉬운 브랜딩, 마케팅 역량은 미국이나 유럽의 유수한 대행사 힘을 빌어서 글로벌 플레이어들과 비슷한 수준까지는 올랐다.

하지만 우리가 내세운 제품의 차별성이 점점 희석되면서 제품 스펙이 아닌 브랜드 파워로 승부해야 하는 이 시점에는 어떤 브랜드 마케팅이 필요할까? 결국 브랜드 마케팅에서도 차별화가 필요하다. 그런데 우리 문화를 모르는 외국 대행사들이 서양인 시각으로 만든 브랜드 스토리는 별로 힘을 쓰지 못한다. 멋지긴 하지만 누구에게나 통하는 이야기란 결국 어느 누구에게도 깊은 인상을 남기지 못하기 때문이다. 게다가 글로벌 플레이어와 차별화도 어렵다.

결국 한국 브랜드는 과감하게 우리의 라이프 스타일, 우리 문화를 팔아야 한다. 여기 현재 오늘을 사는 한국인들이 진짜 고민하고 진짜 좋아하는 것을 캐치해 만든 진정성 있는 좋은 상품들이 얼마든지 있다. 그리고 제대로 된 진정성을 알아볼 중국 소비자 역시 얼마든지 있다.

프리미엄 마케팅은 모든 브랜드들의 변하지 않는 화두다. 힘들게 만든 제제품은 당연히 최대한의 웃돈(프리미엄)을 받고 팔아야 한다. 하지만 소비자는 호락호락하지 않다. 웃돈을 지불하게 하는 가치를 어디에서 느끼게 해야 할까? 단순히 광고가 고급스럽다고, 등장하는 인물이 요즘 가장 핫한 배우라고 해서 프리미엄을 느끼는 시대는 지났다. 중국 또한 그러하다.

중국 사람이 느끼는 프리미엄과 관련해 중국 내 오피니언 인터뷰를 진행한 적이 있다. 특히 두 분의 코멘트가 인상적이었다. 어느 라이프 스타일 잡지 편집장이 한 말이다.

"중국인들은 이제 세상을 보는 안목이 발아하는 단계로 진입했습니다. 그리고 이것이 중국 프리미엄 시장 전체를 바꾸기 시작했습니다. 예를 들어 'MUJI'는 전혀 고가의 브랜드가 아닙니다만 새로운 삶의 방식들을 제시해주고 있다는 점에서 프리미엄하게 느껴지는 브랜드입니다. 앞으로 중국의 프리미엄 시장은 'MUJI'처럼 삶에 대한 접근 방식에서 좌우될 것입니다."

상하이대 인류학과 교수인 석학 한 분이 하신 말씀도 비슷하다.

"변화의 과정에서 조금 더 앞서 있는 삶의 양식이 바로 프리미엄이고, 조금 더 진보된 삶의 양식에 대한 욕망이 프리미엄에 대한 욕망입니다. 따라서 프리미엄은 해당 브랜드나 제품이 어떤 진보된 삶의 양식을 제안하는지가 매우 중요합니다."

중국 소비자는 이제 눈이 높다. 그리고 의외로 정보에 민감하고 행동이 매우 빠르다. 의사결정도 훨씬 대담한 구석이 있어서 남의 눈을 그렇게 많이 의식하지는 않는다. 물론 중국 소비자 전체가 다 그렇다는 이야기는 아니다. 하지만 이런 사람들이 적어도 한국 인구의 몇 배 수준으로 존재한다.

그리고 중국은 테스트 베드다. 일차적으로 중국 주요 도시에서 검증된 어떤 아이템은 중국 내 다른 도시로 확산도 가능하다. 더 나아가 문화적 동질성이 있고, 서양 콤플렉스를 느끼지 않아도 되는 전체 아시아 시장에서도 응용 가능하다.

중국과 중국 소비자를 무서워할 필요는 없다. "우리와 매우 다르다"고 "그들만의 DNA가 있을 거다"라고 지레 짐작할 필요도 없다. 우리 눈에 좋아보이고, 우리 생각에 의미 있는 것은 그들에게도 기본적으로 통한다.

02
아이템이 아니라 취향으로 승부하라

아이템으로 들어가면 오래가지 못한다

회사 지하에 김밥집이 생겼다. 한국에서 보는 김밥과 메뉴가 흡사하고 서비스되는 음료도 한국식 옥수수차다. 하지만 모든 메뉴는 중국이름으로 되어 있고, 중국 사람들도 많이 와서 먹는다. 한국 여행 갔던 중국인이 호기심에 김밥집을 찾아오기도 하고, 한국의 '김밥천국'이 중국에 많이 들어온 덕분에 중국에서 한국식 김밥을 먹어본 사람들도 다시 찾는 경우가 있나 보다.

한국에서 인기 있는 참치김밥, 계란김밥 등 메뉴도 똑같다. 여기에 중국인들이 좋아할 만한 현지식 김밥도 몇 개 더 있다. 사이드

메뉴인 떡볶이는 중국 사람들이 불편하지 않도록 덜 맵게 조리해서 정통 한국식은 아니지만 중국 사람에게는 오히려 인기가 좋다. 결론적으로 우리 회사 지하에는 옆집에 원조인 김밥천국이 들어와도 별 메리트가 없어 보인다. 심지어 김밥천국의 짝퉁도 이미 생겼다고 하니, 이래저래 김밥천국이 중국에 들어와서 들이는 노력 대비 별다른 이익을 거둘 것 같지는 않다.

치맥으로 유명해진 '굽네 치킨' 역시 마찬가지다. 치킨 튀기는 것에 노하우가 있다 할지라도, 현지 브랜드라고 해서 완전히 맛없게 치킨을 튀길 리도 없고, 어느 정도의 노하우와 장비만 있으면 한국식 치킨을 튀기는 것이 불가능한 일은 아닐 터이다.

더 억울한 경우는 '설빙'이다. 북경의 노른자위 땅에 매장도 많이 생겼고, 투자를 많이 한 듯한데 너무도 당당하게 비슷한 브랜드를 쓰는 비슷한 매장이 바로 길 건너에 들어섰다. 브랜드 로고와 매장 분위기까지 민망할 정도로 비슷하다.

한국이나 중국이나 상표권 등록은 '선출원주의'다. 먼저 출원한 사람이 임자다. 누가 먼저 '사용'하는지는 중요하지 않다. 누가 먼저 상표를 '신청'했는지가 권리의 기준이라는 이야기다. 저 유명한 아이폰조차도 중국 브랜드에게 패소했다. 애플은 중국의 '신통티엔디 테크놀로지를 상대로 상표권 침해 소송을 제기했다가 2016년 말 공식적으로 패소했다.

베이징 법원의 판단은 이렇다. 애플 아이폰은 미국에서 2007년 8월 출시됐고, 신퉁티엔디의 상표 출원일은 같은 해 9월 29일, 그리고 중국에서 아이폰이 정식으로 출시된 게 2009년 10월이라는 점을 종합해볼 때, 애플 아이폰 상표의 저명성을 인정할 수 없다는 것이다.

기가 찰 노릇이다. 애플이 가만있을 리 없다. 중국 최고 인민법원에 상고했지만 결국 기각 당하면서 판결이 확정됐다.

글로벌 최고의 브랜드를 들고 와도 이 정도인데, 한국에서 좀 잘나간다는 브랜드가 들어와서 쉽게 모방 가능한 제품 아이템 몇 가지로 승부하려고 하면 이건 어차피 길게 가기 어려운 게임이 된다. 장사가 잘 되면 모방 당할 것이고, 장사가 안 되면 그냥 잊혀지는 거다.

취향 있는 브랜드라야 오래 간다

한국 브랜드 중에서 잘 알려지지 않았지만 은근히 실력 있는 브랜

●
북경 왕징의 만 카페. 동양도 아니고 서양도 아니고 옛날도 아니고
현대도 아닌 오묘한 느낌을 준다.

●●
풍부한 맛의 음료와 공짜라기엔 너무 맛있는 스틱 빵.

드로 '만 카페'가 있다. 아마도 한국에 그 브랜드가 없기 때문에 관심은 덜하지만 실제로 중국에서 접해보면 만만치 않은 내공이 느껴지는 파워 브랜드다.

베이징 시내 왕징 근처에도 여러 군데 매장이 있어서 한가로운 주말 시간에 일부러 이곳저곳을 찾아가보면, 각 점포마다 비슷한 듯 다른 독특함이 있다. 카페라는 게 사실 그냥 단순히 커피 맛으로 승부하는 것이 아니지 않는가. 어느 가게마다 비슷한 맛에 이제는 표준화된 멋진 매장 인테리어까지 차별화가 쉽지 않은 업종인데, 이곳은 정말 특별하다.

만 카페는 어느 매장을 가도 보통 1,2층을 같이 쓰고, 확 트인 천장이라 어디서건 전망이 시원하다. 집기들도 왠지 고풍스런 역사가 느껴지는 무게감을 내뿜는다. 하지만 대단히 고급스러운 최고급 럭셔리 인테리어는 아니다. 흔하게 유행하는 미니멀리즘도 아니다. 딱히 서양적인 느낌도 아니고 동양적이기만 하지도 않다. 동서양의 좋은 취향을 안목 있는 누군가가 잘 묶어서 편집해주는 느낌이랄까? 2인용, 4인용, 10인용 하는 식으로 매우 다양한 테이블의 자유로운 변주들도 다른 카페와는 다르다.

여기서는 공짜 스틱 빵도 제공한다. 주말 아침, 브런치까지는 아니더라도 가볍게 간식으로 먹기에 아주 안성맞춤이다. 심플한 아메리카노보다 달고 풍부한 맛을 가진 커피와 음료를 좋아하는 중국인의 특성에 맞게 다양한 음료 메뉴도 개발했다. 준 레스토랑 급으로 가벼운 식사 메뉴들도 많고 음식의 질도 나쁘지 않다.

공간도 허투루 꾸며진 것이 없다. 커피숍 내에 쌓여 있는 커피콩 자루를 예로 들면, 빈 공간을 채우는 인테리어 소품 역할뿐만 아니라 커피에 대한 진정성과 전문성을 느끼게 하면서 동시에 기능적으로 향도 전달하는 식이다. 매장 전체에도 은은한 커피 향이 배어 있다. 보통 본인이 자리로 가져가야 하는 프랜차이즈 커피와 달리 직원이 갖다주는 것도 매우 중요한 차별화 포인트다.

만 카페는 어떤 사람이 여기 와서 먹는지 너무나 타깃의 취향을 잘 파악하고 있다. 그들의 타깃은 국적 불문, 30~40대의 교양 있는 문화 애호가가 아닐까 싶다. 커피의 전문성에 음료의 다양함을 갖추고 30년대 상해 느낌의 인테리어에 음악은 조용하다. 직원 교육도 잘 되어 있다. 조용하고 스마트하게 자기 할 일을 정확히 한다. 역사가 깊고 교양 있는 가문의 대저택 응접실에 와서 잠깐 음료를 마시면서 시간을 보내고 가는 느낌이다.

가봤던 여러 매장 중에서도 가장 인상적인 곳은 왕징 근처 장부

공원 옆 만 카페다. 이곳은 널찍한 공원 공간을 십분 활용해 다양한 테마 공간을 보여주고 있다. 실제로 이곳은 제품 기획, 신제품 개발 등을 위해 본사 직원들이 상주해서 일하는 곳이라고 한다. 커피에 관심이 있는 일반인들이 잠시 둘러볼 수 있는 공간도 있다.

커피를 내릴 수 있는 다양한 도구를 전시하고, 가마솥 같은 것도 있어서 실제로 콩을 볶을 때 쓰지 않았나 하는 생각도 들게 한다. 게다가 바리스타를 직접 양성하는 곳이라 커피 관련 모든 환경이 잘 구축되어 있다.

주말에 가족 나들이 공간으로도 괜찮다. 어른은 어른대로 왠지 격조 있는 문화생활을 하는 듯한 흐뭇함이 들고, 아이들은 아이들 나름대로 다양한 간식을 먹는 재미와 놀이동산 같은 흥미 요소가 있다.

어쨌거나 이곳을 들르고 나면 확실해지는 것이 그냥 커피 장사꾼이 아니라 '커피에 대한 분명한 생각과 확고한 입맛을 갖춘' 괜찮은 카페 브랜드 같은 생각이 든다는 거다. 그냥 괜찮은 커피 아이템 몇 개로 승부했다면 금방 따라 하는 중국 브랜드가 생겼을 터이다. 하지만 나름의 깊이와 취향이 있는 브랜드로 자리 잡으니 쉽게 따라 하기 어렵다.

마케팅 중심의 변화: 포지셔닝, 인사이트를 거쳐 이제는 취향으로

만 카페의 사례처럼 브랜드 마케팅을 기획하기 위해서는 타깃 고객의 취향을 파악하는 것이 우선이다. 취향은 최근, 그리고 다가오는 시대의 새로운 마케팅 핵심 키워드로 부상하고 있다. 계보로 보면, 포지셔닝의 시대 → 인사이트의 시대 → 취향의 시대 정도로 분류할 수 있을까?

마케팅 초창기부터 지금까지, 제품 자체의 특별한 판매 포인트를 찾아야 한다는 것은 기본적으로 유효하다. 소비자 전체의 다양한 니즈를 분석하고, 개별 니즈에 맞는 시장 내 기존 브랜드를 매치시켜 본 후, 비어 있는 하나의 시장을 찾아 우리 제품을 위치시키는 방식이 '포지셔닝'적 접근이다.

이 접근 방식은 요즘도 여전히 신기술이 중요한 전자 제품 카테고리에서는 일반적인 접근이며 광고 커뮤니케이션에서도 다른 어떤 것보다 '제품'의 차별점 위주로 이야기를 펼친다. 스마트폰이나 TV가 새롭게 론칭되면서 새로운 대표 기능을 이야기하지 않는다는 것은 상상할 수도 없다.

하지만 성숙기 시장으로 가면 시장 초창기처럼 새로운 기능이 계

2010년 맥북 에어 광고. '얇고 가볍지만 단단하다'라는
핵심 속성을 그냥 심플하게 전달한다. 포지셔닝 스타일의 가장
대표적인 사례가 애플 광고다. 최근에는 그 맛이 덜하지만,
초창기에는 그 담백함으로 많이 어필했다.

속 개발되어 나올 수는 없으니, 신기능이 아니라 조금 나아진 기존
기능을 가지고 마케팅을 해야 하는 경우가 늘어난다.

2000년대 초반부터 최근 몇 년 전까지도 한국에서 많이 등장했
던 소위 '인사이트' 광고가 대표적인 것이다. 제품 자체의 차별점보
다는 사용하는 소비자의 일상 속에서 왜 그 제품이 필요한가를 공
감되게 이야기함으로써 브랜드 선호도를 높여 구매로 연결시키는
광고다.

소비자 입장에서도 효용가치는 있다. 구별도 어려운 미세한 제품 차이를 자꾸 따지려니 골치 아픈데, 그냥 호감 가는 브랜드가 하는 말을 통으로 믿는 게 편하기 때문이다. 그러다 보니 한동안 대행사마다 공감 가는 소비자 인사이트를 찾는 것에 목숨을 걸었던 때가 있었다.

인사이트 마케팅, 이것이 정답인가 싶지만 여기에도 함정은 있다. 카테고리별 리더나 적어도 주요 브랜드들이 했을 때는 효과가 있다. 기존에 제품의 신뢰도가 갖춰진 상황에서 브랜드 선호도가 더해지는 것이니, 고객 입장에서는 원래 하던 선택에 구매 이유를 더 강화하는 쉬운 선택이기 때문이다.

하지만 차별화로 승부해야 하는 신규 기업이나 후발 주자의 경우에는 좀 더 생각할 필요가 있다. 좋은 인사이트를 찾더라도 본인 브랜드만 해당되는 것이 아니므로 그냥 카테고리 전체 광고인 듯, 리더만 좋은 일 시키는 경우도 있다. 물론 카테고리 리더 입장에서도 인사이트 광고만 지속하면 제품 본연의 성능과 차별성에 대한 인식이 사라져버릴 수도 있다. 이래저래 양날의 검, 늘 정답은 아니라는 이야기다.

제품의 차별화는 점점 어려워지고, 고객의 생활 속 공감 가는 인

웅진 코웨이의 2013년, 물성장 프로젝트 캠페인.
아이들은 물보다 음료수를 좋아한다는 인사이트에서
출발해서 이들에게 음료수 대신 물을 마시게 하자라는
좋은 취지의 캠페인 전개로 공감과 응원을 유도했다.
하지만 다른 물 브랜드에서 같은 이야기를 해도
별 상관이 없다.

사이트에서 답을 찾는 것도 한계에 부딪힐 무렵, 광고업계의 침체
가 시작되었다. 하나의 정답이 아니라 여러 가지 대안들이 출현했
다. 다양한 대안 중 하나가 취향 마케팅이고 이는 소비재나 외식업
계 쪽에서 특히 대세를 이루고 있다.

　이제는 타깃에 대한 이해가 단순히 고소득, 새로운 것에 대한 오
픈 마인드, 스타일 중시 정도로는 안 된다. 예를 들면, 심플한 디자
인, 무채색 계열 선호, 앞서가는 것보다는 올바른 것 중시, 부유한

삶보다는 행복한 삶을 추구, 넓고 얕은 네트워킹보다는 정말 소중한 사람에게 잘 하기 등으로 세세히 파악해가야 한다.

어디서 들어본 것 같지 않나? 빙고. '북유럽 스타일'이다. 단순히 제품 하나에 대한 생각이 아니라 인생관, 가족관, 심미적 안목까지 남들과는 다른 독특한 취향으로 앞서가는 생활의 면모를 보여줌으로써 거의 몇 년간 전 세계 마케팅 업계를 주름 잡았다.

문제는 이런 취향 집단은 지구상에 그렇게 다양하지 않다는 점이다. 유행처럼 매년 만들 수도 없는 일이고 말이다. 결국 각 브랜드들이 나름의 감각으로 타깃 집단의 취향을 상정하고, 그에 맞는 제품 기획과 마케팅으로 각자 도생할 수밖에 없다. 이런 상황에서는 아무래도 다양한 라이프 스타일 집단군을 보유한 선진국이 유리하긴 하다. 실제 다양한 라이프 스타일의 타깃을 직접 만나고, 관찰하고, 테스트할 기회가 많기 때문이다.

하지만 한국이 마냥 불리한 것도 아니다. 보통 일인당 국민소득이 1만 달러 수준을 넘어서면 개인의 개성과 문화라는 것이 서서히 발현되기 시작한다고 한다. 한국도 그 변곡점을 지난 지 어언 20년이다.

의류 브랜드를 탈피해 화장품까지 종합 스타일 브랜드가 된 '스

2018년 문을 연 플래그숍 스토어, 맥심 플랜트.
이미 경쟁이 치열한 원두커피 시장에 진출하면서
풍성한 커피 취향과 다양한 커피 음용 상황을
화두로 삼고 있다.

타일 난다'는 '놀기 좋아하는 잘 나가는 서울 언니'라는 독특한 취향 하나로 국내 유명 디자이너 브랜드도 제대로 해내지 못한 중국 진출을 성공적으로 이뤄냈고, 중국인들이 한국 내 매장에서 가장 많이 사는 패션 브랜드로 손꼽힌다.

급기야는 가치를 알아 본 글로벌 유명 메이커가 고가에 이 브랜드를 인수하는 상황에 이르렀다. 조금 확장해서 생각하면 청담동 스타일, 이태원 스타일은 왜 안 되겠는가. 아니, 새롭게 떠오르는 연남동 스타일, 성수동 스타일, 익선동 스타일 등등….

멀리서 고민하지 말고 한국 내에서 이미 충분히 성숙하고 분화되어 우리가 일상 속에서 누리고 있는 취향들 중에서 본인에게 맞는 것을 골라 다듬어보자. 성공의 가능성은 충분하다.

03
오리지널리티가 중요하다

불황과 외교 리스크를 이기는 원조 브랜드 파워

2017년 초 사드 태풍이 지나간 후 한국 브랜드들은 비참한 상황이었다. 특히 삼성이나 현대처럼 누구나 한국 브랜드로 알고 있는 브랜드들의 피해는 매우 컸다. 그리고 그 반대급부를 중국의 로컬 브랜드가 누리게 되었다. 마치 로컬 브랜드들의 수준이 높아지기를 기다렸다가 가장 만만한 한국 브랜드를 희생양으로 삼기 위해 미리 기획한 것이 아닐까 의심이 들 정도로 혜택이 분명한 구도였다.

오리온도 예외는 아니었다. 휴대폰이나 자동차와 달리 주요 소비자가 주부나 여성층이라 정치적 민감도가 비교적 높지 않아 영향이 낮을 것이라 예측했지만, 복병은 소비자보다 유통이었다. 유통 쪽에서 정부 시책에 발맞춰 한국 제품 면적을 매장에서 줄인다는 얘기가 들렸다. 물론 삼성이나 현대처럼 치명적일 정도는 아니었다. 그러나 중국 진출 이후 지속적인 성장에 익숙했던 오리온 입장에서는, 외부 요인에 의한 부정적인 국면 전환은 처음 겪는 충격이었다.

그 와중에 뭉클한 뉴스를 들었다. 오리온 초코파이가 홀로 선전하고 있다는 이야기였다. 요즘 유행하는 한국말로 '하드 캐리'인 셈이다. 알다시피 초코파이는 1997년 현지 생산 체제 구축 이후 오리온이 중국에서 자리 잡게 하는 데 일등 공신이었다.

하지만 2010년대 들어서 중국 국민 소득 성장과 함께 배고플 때 저렴하게 식사를 대신하던 파이 카테고리 전체가 조금씩 정체를 보이면서 오리온 초코파이도 주춤하던 상황이었다. 오히려 오리온 내에서도 스낵 제품 류가 규모 면에서는 더 좋은 성과를 나타내고 있던 차였다.

그런데 이 초코파이가 불황과 사드를 넘어서 홀로 고군분투하고 있다는 이야기는 왠지 감동적이었다. 마치 갑자기 가세가 기울었을 때, 평소에 그냥 귀엽게만 봤던 볼 빨간 막내가 야무지게 돈벌이를 해와서 모든 가족을 부양하는 느낌이랄까.

사실 오리온 초코파이는 볼 빨간 막내로 귀엽게만 볼 아이는 아니다. 늘 가까이 있고 이미 친숙해져서 그렇지, 사실 해당 업계에서는 기발한 발명품 중 하나다. 얇지도 두껍지도 않은 달콤한 초콜릿 코팅 속에 가볍지도 무겁지도 않은 적당한 두께의 비스킷, 그 속에는 폭신한 마시멜로우, 이질적인 맛과 식감의 결합이지만 너무도 적절한 조합이다.

오리온은 이런 초콜릿 파이 카테고리를 처음 만들어서, 소비자들을 교육하면서 스스로 시장을 키운 셈이었다. 어릴 때부터 워낙 귀한 간식으로 맛있게 먹었던 추억 때문인지 20년을 먹어도 물리지 않는다. 꼭 아이들 입맛이라고 말할 것도 아니다. 아이들 먹으라고 20개들이 한 박스를 사면 그중에 1~2개는 나도 꼭 먹게 된다. 오후 서너 시, 뭔가 출출하면서 단 것을 먹고 싶을 때, 혼자 조용히 먹어도 좋고 여럿이 나눠먹어도 좋다.

그뿐만이 아니다. 오리온 초코파이는 파이 카테고리의 가장 중요한 정서적 가치라고 할 수 있는 '나눠주는 따뜻한 마음'을 브랜드의 핵심으로 가지고 있다.

엄마가 아이를 위해 준비하는 간식, 아이들이 또래 친구와 즐겁게 나눠먹는 간식, 힘든 등산이나 하이킹 갈 때 몇 개 싸가서 같이 간 사람들과 흉허물 없이 가볍게 나눠먹는 간식으로서 그 이상 적절한 가치가 있을까.

적어도 동양권에서는 어느 국가를 가더라도 기본적으로 통하는 이런 물성적·감성적 오리지널리티가 있으니 중국에서도 베트남에서도 스테디셀러로 자리 잡고 있는 것이 아닌가 한다. 한국에서는 이 가치가 '정(情)'이고, 중국에서는 '인(仁)'이다. 베트남에서는 한국과 마찬가지로 '정(thin)'이다.

기술 브랜드는 말 그대로 기술력, 혁신력에 의해 좌우되는 경우가 많다. 아무리 좋은 브랜드 가치를 갖고 있어도 제품력이 따라주지 않으면 도로아미타불이다. 하지만 제품의 진입 장벽이 비교적 낮은 식품, 생활용품 군에서는 이런 정서적 의미가 오히려 더 중요하게 작용하기도 한다.

중국에서도 미투 제품은 많다. 매장에서 오리온 초코파이 옆에 항상 자리 잡고 있으면서 가격도 70~80% 정도로 저렴하다. 하지만 실제 시장성과는 미미하다. 맛은 아마 비슷하게 따라잡았을 것이다. 적어도 눈 감고 맛을 본다면 모든 소비자가 알아낼 만큼 그 차이가 크지는 않을 것이다. 하지만 소비자들은 여전히 오리온 초코파이를 일 순위로 떠올리고, 찾는다.

중국에서 인정받는 외국 브랜드 네슬레

2017년, 중국 마케팅 업계 관련자들 사이에서 신뢰를 얻고 있는 대표적 브랜드 파워 지수인 CPBI(China Power Brand Index) 결과가 발표되었다.

당해년도 기준, 총 144개의 카테고리 중 97개에서 중국 브랜드가 1위를 차지할 정도로 절대적 우세를 보이고 있다. 중국 내 35개 성, 15~64세 인구를 대상으로 하기 때문에 대도시의 최신 유행을 반영하기보다는 생활 저변에 깔린 믿을 수 있고 친숙한 브랜드들이 높은 평가를 받았다. 그러나 그것을 감안하더라도 97대 47로 중국 브랜드가 판정승을 거뒀다는 사실이 놀랍다. 말 그대로 중국 브랜드의 약진이다.

앞으로 해마다 중국 브랜드의 비중이 점점 더 높아지게 될 것이다. 이처럼 외국 브랜드가 점점 살아남기 힘들어지는 중국에서, 여전히 건강하게 살아남은 외국 브랜드들을 살펴보고 그 저력을 확인하는 작업이 필요한 시점이 아닌가 한다.

분야별 1위를 차지한 브랜드 중에서도 특히 압도적 시장 지위를 인정받는 프리미어 리거로 인정받은 브랜드들이 있다. 2위 브랜드와의 격차가 200포인트(브랜드 파워 지수) 이상인 1위 브랜드를 별도로 선별한 것으로 총 18개다. 이들 중 인스턴트 커피 시장의 네슬레, 초콜릿 시장의 도브, 라면 시장의 캉스푸 등이 눈길을 끈다. 중국 시장에 일찍 뛰어들어 해당 카테고리를 처음으로 중국인들에게 교육시켜 입맛의 표준이 됨과 동시에, 시장 밀착형 마케팅으로 카테고리의 대표 가치를 사람들의 마음속에 만들어놓은 브랜드들이다.

이 중 네슬레의 사례는 유난히 눈길을 끈다. 전통적으로 차를 워낙 좋아하고 많이 마셨던 중국 소비자들에게 처음으로 커피 맛을 교육시켰고, 매년 신제품을 낼 정도로 새로운 트렌드에도 민감하다. 하지만 제품력이 다가 아니다. 특히 커피는 대표적인 취향제품이다. 한국의 맥심이 그러하듯 중국의 네슬레 역시 좀 더 의식 있고 수준 높은 생활을 꿈꾸는 보통 중국인들에게 어필할 수 있는 감성 광고로 시대적 공감을 일으켜 브랜드 파워를 만들었다.

물론 최근 몇 년 사이 중국에도 스타벅스 등 글로벌 커피 체인이 득세를 하면서, 고급감 저하, 젊은 층 이탈과 같은 위기를 맞고 있다. 하지만 브랜드 조사 결과에서도 나왔듯이 어쩔 수 없이 인스턴트 커피를 마셔야 하는 상황이라면, 그리고 브랜드를 내가 선택할 수 있다면, 대부분의 중국인은 네슬레를 선택할 정도로 이들의 브랜드 사랑은 뿌리 깊다.

한국의 맥심 광고처럼, 중국인들이 좋아하는 대표적 광고로 항상 손꼽히는 것이 네슬레 광고다. 그중에서도 대표적인 2014년 광고 한 편을 살펴보자. 80호우의 대변자 한한이 등장해서 자신의 이야기인 것처럼 사람들의 이야기를 한다.

한한이 출연한 네슬레 광고. (사진 출처: 유튜브 영상 캡처)

"작품이 독자에게 빛이 되는 것은 글쓴이에게 가장 기쁜 일이다.

여러 사람들이 그들의 용기, 꿈, 희망을 나와 함께 나누고

그들의 이야기로 인해 나도 깊은 감동에 취한다.

용기만 낸다면 빛이 당신을 비춰줄 것이다.

과감하게 살자. 네슬레 커피."

분위기 있는 화면과 주인공의 흡입력 있는 내레이션이 감성적이면서도 커피의 분위기와 어울리는 정서 전달에 도움이 되고 있다.

커피의 카페인 성분은 각성, 즉, 깨어 있는 것이다. 일차적 의미로는 잠을 자지 않는 것이지만, 한 발 더 나아가면 내 인생을 남들이 원하는 대로, 남들이 하란 대로 살지 않겠다는 독립적이고 용기 있는 삶의 태도로 이어진다. 곧 80호우나 90호우의 시대정신인 셈이다. 그래서 "과감하게 살자"는 그냥 한 사람의 독백으로만 들리지 않는다.

당대 젊은이들의 절대적인 공감과 응원을 얻으면서 네슬레를 뇌리에 각인시키자는 전략으로 보인다. 모델이 바뀔지라도 꽤 긴 시간 커피가 가져갈 수 있는 좋은 주제인 것 같다.

한국 브랜드의 카테고리 대표 가치

같은 조사 결과, 한국 브랜드 중에서는 삼성전자 TV, 오리온, 락앤락이 분야별 1위를 차지했다. 삼성과 오리온은 예상되던 바였지만 락앤락은 의외였다. 잘한다고는 알고 있었지만 이 정도일 줄은 몰랐다. 하지만 곰곰이 생각해보니 수긍이 갔다.

일단 서양에서 온 유명 브랜드가 없다. 도시락을 쌀 때 샌드위치나 피자 같은 국물 없는 단품 요리를 주로 담는 서양에 비해, 동양은 국물이 있을 수도 있고, 덮밥처럼 물기 있는 요리를 담을 가능성이 많다. 아시아권 제품들이 밀폐력에 더 주의를 기울일 수밖에 없다. 요리 문화가 비슷한 동양권에서는 충분히 인정받을 수 있는 제품력이다. 게다가 꼼꼼함에서 중국 로컬 브랜드들은 아직 따라오지 못했다.

단순한 밀폐력뿐만 아니라 소비자 생활의 디테일에 주의를 기울여 지속적으로 생각해내는 세분화된 제품 기획력 또한 한몫을 하는 것 같다. IT 가전 분야에서는 혁신적인 기술개발이 관건이듯이 생활 밀착형 주방 브랜드에서 가장 중요한 것은 변화하는 소비자 생활에 맞춰 지속적으로 새로워지는 신제품 기획력이다.

락앤락 제품을 보고 있으면 왠지 행복해진다. 봄날 가족끼리 나들이 갈 때 좋을 것 같은 피크닉 통, 전자레인지에 잠깐 돌려 먹기 좋게 살짝 작은 구멍이 난 용기, 엄마가 정성들여 싸준 점심을 아이들도 기분 좋게 열어볼 것 같은 탄탄한 도시락 통, 운동할 때 좋을 것 같은 날렵한 텀블러 등등 진열된 제품들만 봐도 상황이 떠오르면서 저절로 미소를 머금게 된다.

모양뿐만 아니라 소재 차원에서도 세심하게 신경을 쓴 것이 엿보인다. 신소재 플라스틱이나 열에 강한 내열유리 소재 등도 있어서 소비자의 건강까지도 세심하게 배려하는 인상을 준다. 여자들, 특히 주부들의 마음은 세상 어디를 가나 비슷한 구석이 많다. 락앤락 매장을 둘러보는 중국 주부들의 표정은 대체로 밝다. 내가 생활하면서 필요한 것들을 이렇게나 깊게 연구해서 세심하게 하나하나 만들어주는 사람이 어딘가에 있었구나 하는 감사함이 넘치는 것 같다. 물론 그렇게 봐서 그렇게 보였을 수도 있겠지만….

락앤락은 제품력이 워낙 좋아서, 큰돈을 들인 특별한 마케팅 활동 없이도 좋은 브랜드 평판을 유지하고 있는 듯하다. 좋은 일이다. 하지만 제품 생산력에서 워낙 빠른 속도로 한국을 따라잡고 있는 중국 브랜드들을 보노라면, '그냥 제품력'만으로는 조금 불안해 보이기도 한다. 조금 더 욕심을 내서, 주부 타깃의 생활 밀착형 주방

중국 락앤락 매장. (사진 출처: 바이두)

브랜드로서 오리지널리티를 선점하면 어떨까.

중국 여성들 사이에도 한국 주부의 살림 실력에 대한 소문은 이미 파다하다. 한국 화장품이 한국 여성들의 매끈하고 촉촉한 피부 이미지 덕을 톡톡히 보는 것처럼, 한국 주방 브랜드에서 한국 주부의 빈틈없는 살림 솜씨를 연상한다면 장기적으로 끌고 갈 만한 인식 측면의 중요한 고리 하나는 쥐고 있는 셈이다. 제품력으로 팔리는 현재에 만족하지 말고, 하나라도 진입장벽을 더 많이 만들어 놓았으면 하는 것이 지켜보는 이의 작은 소망이다.

04
디지털이야말로 브랜드 관점이
중요하다

IMC를 넘어서

마케팅 업계에서 IMC(Integrated Marketing Commu-
nication)*는 이미 너무 당연해서 하나 마나 한 이야기다. 기업이
보내는 모든 메시지는 하나의 일관성이 있어야 한다.

단, 매체적 특징을 살려서 약간씩 방점이 변주될 수는 있다. PR
은 팩트 위주로, TV는 감동 혹은 재미를 주는 스토리 위주로, 아웃
도어는 비주얼 쇼크 위주로, 디지털은 풍부한 콘텐츠로 진행한다는
것이 IMC를 처음 제창한 슐츠 이래로 10여 년 동안 답습되어 왔던
이야기다. 그런데 현장 실무자 관점에서 가장 큰 의문을 제기하게

*
IMC(Integrated Marketing Communication): 통합 마케팅 커뮤니케이션 전략. 기업의 주요 대 소비
자 발신 채널(TV 광고, PR, 디지털 활동, 아웃도어 광고 등) 간 메시지를 일관된 계획 하에 조율해
야 한다는 전략을 말한다.

되는 부분은 디지털이다.

미디어의 특성으로 보면 다른 모든 것들은 일방적인 반면, 디지털만 유일하게 상호 작용이 가능하다. 다른 미디어처럼 집중도도 높지 않고, 한꺼번에 많은 콘텐츠들이 노출되는 상황에서 한 번에 눈길을 끌지 못하면 단 1초 만에 관심은 사라진다. 게다가 클릭이라는 행위로 그 반응도 쉽게 체크가 된다. 관심을 끌 수 있는 한 방이 있으면 그 이후에 클릭 클릭으로 단계가 넘어갈 수 있고, 심지어 이커머스까지 연결시켜 매출까지도 한 방에 일으킬 수 있는 힘 있는 매체다.

클릭이 관건이다. 그런데 다른 매체를 통해서도 볼 수 있는 일방적인 브랜드의 메시지라면 별로 재미도 없고 들어갈 이유도 없어진다. 다른 매체와는 다른 디지털만의 콘텐츠 전략이 점점 중요해지는 이유다. 빙상 종목으로 비유하자면 어느 정도 정해진 룰이 있는 '규정 종목'이 아니라, 감춰진 끼와 예술성을 마음껏 발산할 수 있는 '프리 종목'으로 보는 게 더 맞지 않나 싶다.

물론 다들 이렇게 생각까지는 하지만 실행에 옮기기는 쉽지가 않다. 하나의 일관된 방향성을 따라가는 건 비교적 안전하고 쉬운 일이다. 그러나 자유롭게 별도로 구성하려면 당연한 이야기지만 별도 작업이 필요하다. 게다가 디지털은 콘텐츠가 복잡하다. 소소한 디테일을 어디까지 윗선에 보고해야 하는지부터 골치가 아프다. 시의성 있게 타깃이랑 교류하면서 빨리 움직이려면 담당자에게 어느 정도 자율권을 줘야 한다.

그래서 다른 미디어보다 디지털 마케팅 활동을 보면 그 회사의 철학이나 관점, 조직문화 같은 것이 쉽게 파악이 되기도 한다. 모든 걸 윗선에 보고하고 컨펌을 받아야 하는 상명하달식 기업 문화는 애초에 발 빠르고 대담해야 하는 디지털 마케팅과는 잘 맞지 않는 셈이다.

중국 디지털은 대담하다

일반적으로 중국 디지털은 대담하다. 2015년 7월, 북경 산리툰에 있는 유니클로 매장 탈의실 내 성관계 동영상이 온라인상에 퍼졌다. 처음 위챗을 통해 퍼지다가 중국 최대 SNS사이트 웨이보와 중국 최대 검색 사이트 바이두에도 퍼지면서 걷잡을 수 없는 사태로 번졌다. 뒤늦게 동영상 삭제 조치에 들어갔지만 이미 너무 많이 퍼져서 웬만한 젊은 사람들은 다 한 번씩 봤다 할 정도였다. 그날은 우리 사무실도 외국인인 내가 알아차릴 만큼 떠들썩했다.

하지만 더 황당한 일은 그다음 날 벌어졌다. 팀원 한 명이 경쟁사인 H&M의 SNS 사이트를 보여줬다. 광고인지 그냥 브랜드 담당자가 올린 글인지 기억은 모호하지만 내용은 아직도 생생하다.

"유니클로 탈의실에 가지 마세요. 우리 탈의실이 더 커요."

그 말에 붙은 '좋아요'와 친구 공유가 폭발적이었음은 두말할 나위도 없었다.

곧이어 자라(Zara)도 참여하여, "유니클로 탈의실은 안 좋으니까 우리 탈의실 와서 한번 봐"라는 비슷한 류의 멘트를 올렸다.

평균적인 한국인의 정서상 눈이 동그래져 "(멀쩡한 회사가, 이런 상황에서) 이래도 되나?"라고 물어보니 "와이 낫?" 하는 표정으로 어깨를 으쓱한다. "재밌잖아요"라는 대답과 함께.

물론 이것은 극단적인 사례이지만, 대체로 중국 브랜드들은 공식적이고 진지한 타 매체 대비 디지털 활동에 더 많은 자율성을 두는 것은 사실인 것 같다. 반면에 한국 브랜드들은 국내에서도 그렇지만, 외국에서는 더군다나 대담한 시도를 하는 것을 두려워한다. "우리가 모르는 어떤 함정이 있을지 어떻게 알아" 하면서 누가 봐도 무난한 내용, 대박도 없지만 위험도 없는 그런 옵션을 선택한다.

솔직히 이런 성(性)적인 이야기는 위험하다. 현지인이 괜찮다고 하는 이야기를 얼마나 믿어야 할지 판단이 안 되기도 한다. 하지만 진정 현지인과 제대로 소통하려면 가끔은 조금 용기 있는 시도를 해보는 것도 필요하다. 용기도 습관이다.

지르는 용기, 소비자는 이미 준비되어 있다

한국에 돌아와서 깜짝 놀랄 만한 디지털 광고를 하나 보았다. 2018년 3월에 나온 모 브랜드 세제를 위한 바이럴 광고다. 명색이 광고지만 제품 이야기는 마지막 20초밖에 안 나온다. 나머지 앞부분 1분 10초는 토요일 밤에 급한 광고 제작을 의뢰해 주말에 쉴 수 없게 만든 광고주를 욕하는 내용이다.

내용만 파격적이고 노골적인 것이 아니다. 노래 가사로 표현된 언어에는 "X발"이나 "ㅈ되는 거야" 등 거친 비속어가 난무하고, 자신을 광고주 앞에서 무릎으로 기거나 발바닥을 핥는 모습으로 묘사한 것도 사실 매우 불편하다.

제작자 스스로 "정신 차리고 보니 이거 거의 고소감이다"라고 너스레를 떨기도 했지만, 정작 이 광고는 업로드 2주 만에 페이스북

87만 회, 유튜브 128만 회가 넘는 조회 수를 기록하며 폭발적인 반향을 일으켰다.

광고를 본 사람들의 댓글은 의외로(!) 대부분 호의적이다. 창의성을 칭찬하고 분노에 공감한다. 광고주를 칭찬하는 내용도 많다. 대기업 마케팅팀이 이런 과감한 광고를 허용했다는 점에서 오히려 호감을 느꼈다고 한다. 안목이라는 표현까지도 사용하면서 말이다.

그중에서도 중요한 댓글은 "그 와중에 제품이 흥미롭다"라든지, "이 광고 아니면 이런 제품 나온 줄도 몰랐을 것이다" 같은 내용이다. 제품 기능으로 차별화하기 정말 어려운 이 성숙 시장에서 대규모 TV 광고도 아닌 디지털 콘텐츠 하나로 이런 반향을 일으키다니 놀라울 뿐이다.

그 뒤에 이 제품이 파격적으로 많이 팔렸다든가 하는 기사가 나오나 하고 기다렸는데, 아직 그런 기사는 없다. "광고에 대한 관심만 높고 세일즈는 안 돼. 역시 하던 대로 해야 해." 혹시 이런 사내 비판에 휩싸인 것은 아닐까 하는 걱정이 든다. 그렇게 되지 않으려면 나라도 하나 사줘야 하는 것 아닐까 생각도 해본다. 어렵게 내딛은 용기에 대한 격려의 의미로라도 말이다.

이것 역시 상당히 극단적인 예다. 하지만 세계 어디를 가나 성숙

시장이고, 더 이상 제품으로 차별화도 어렵고 더 아름답고 감동적
인 국면의 이야기로도 차별화에 한계를 느낀다면, 다른 각으로 관
점을 넓힐 수 있는 하나의 계기가 되기를 바라는 솔직한 마음이다.

05

브랜드 이미지를 높이는
CEO 마케팅

한국은 위인, 중국은 기인

중국인은 영웅을 좋아한다. 삼국지, 수호지 등 고전의 사례는 말할 것도 없고, 최근까지도 정치·경제·문화면에서 유력한 인사들을 영웅화하는 것을 좋아한다. 여기까지는 통설이다. 그런데 이런 얘기를 듣다 보면 "그러면 누구는 뭐 영웅 안 좋아하나? 사람들은 다 비슷한 거 아냐?" 싶은 생각도 든다. 사실 인간은 모두 영웅을 좋아하긴 한다. 단지 그 영웅의 성격이 좀 다른 것 같다.

예를 들면, 한국 사람들은 위인 스타일의 영웅을 좋아한다. 점잖고, 말수가 적고, 무게감이 있으며, 국가와 민족을 위하는 마음이 매우 강하고, 인류애의 화신이어야 한다. 이순신 장군, 세종대왕, 이황, 이이, 한국 역사 속 등장한 영웅의 모습은 대체로 비슷하다. '성웅'이라는 표현도 결국 성스러운 종교적 경지에 오를 정도로 인품과 언행이 반듯한 위인의 모습이다.

반면에 중국인이 좋아하는 영웅들은 자기 고집이 분명한 캐릭터 센 사람들이다. 중국의 고전 삼국지에 등장하는 조조, 관우, 장비 등이 그러하고, 요즘 사람들이 좋아하는 마윈, 레이쥔, 둥밍주 등 재계의 거물들도 그 성격이 만만치 않다. 종교로 치면 한국인이 좋아하는 영웅은 매우 진지하고 카리스마 넘치는 넘사벽 유일신 스타일이라면, 중국인이 좋아하는 영웅은 그리스 로마 신화에 등장하는 실수 연발에 인간적 면모를 물씬 풍기는 다신교 스타일 같다. 카리스마 넘치고 넘사벽인 한국 영웅이 캐릭터 없이 너무 착하고 진지하다면, 중국 영웅은 차라리 악할지언정 물에 물 탄 듯 밍밍한 스타일은 별로 없다.

그런 영웅 스타일 CEO 중에서도 특히 알리바바 마윈의 기세는 대단하다. 전자상거래 사업에 뛰어든 지 10여 년 만에 중국 인터넷 상거래 시장을 꽃 피게 했으며, 2014년에는 중국인이 그렇게도 열망했던 미국 증시에 상장함으로써 정치·군사적 하드 파워가 아니라 경제, 시스템 같은 소프트 파워에서도 이제 중국이 세계 수준에 올랐다는 민족적 자긍심을 고양했다. 게다가 요즘엔 전자 상거래를 넘어 AI나 빅 데이터 등 전 세계의 미래 화두인 4차 산업혁명이라는 큰 물결에 먼저 올라탐으로써 모든 중국 국민의 관심과 애정을 한 몸에 받고 있다. 그와 동시에 각종 기인 열전 같은 면모도 더 많이, 더 유감없이 보여주고 있다.

그는 일단 각종 언론 인터뷰에 적극적으로 등장하고 본인의 SNS도 적극 활용한다. 마크 저커버그와의 좌담회 같은 기회도 적극적으로 활용한다. 마치 동서양의 IT 산업계 대표인양 모양새를 취하면서 글로벌 IT 산업의 미래와 젊은이의 창업 등에 대해 논한다. 미국의 블랙 프라이데이보다 더 큰 규모로 성장한 11월 11일 광군제에서는 전체 쇼핑 쇼를 운영하는 쇼 호스트처럼 등장해 감동적인 목소리로 성과를 발표하기도 한다. 기자들에겐 더할 나위 없이 좋은 그림이고 뉴스다. 굉장히 서양적인 CEO의 모습이라 내겐 신기하고 낯설 정도였다.

개인적으로 가장 흥미로웠던 것은 쿵푸 영화에 주연 배우로 등장할 것이라는 이야기였다. 대학 시절 시작한 태극권을 아직도 수련 중이며, 공개 장소에서 여러 차례 태극권 시범을 보였다는 뉴스를

쿵푸 영화를 찍는 마윈. 영화 포스터.
(사진 출처: asianmoviepulse.com)

접하기는 했지만 실제로 영화까지 찍을 줄은 몰랐다.

이연걸, 홍금보, 견자단 등 나이는 좀 있지만 세계적으로 알려진 중국 최고 액션 배우 11명과 함께 노 개런티로 출연한다고 한다. 그런데 그 명분이 너무 그럴듯하다. 중국 쿵푸에 공헌해온 선배들과 중국 문화에 대한 경의를 표하고 세계인들과 중국 문화를 공유하고 싶다는 거다. 결국 그가 전하려는 메시지는 자신이 그리고 자신의 기업이 단순히 이윤을 추구하는 기업이 아니라는 것이다. 중국 문화 전도사를 자처하면서 중국과 세계 경제·문화를 연결하는 역할을 하고 싶다고 그 자신의 톡톡 튀는 활동을 통해 공공연히 이야기하고 있는 것이다.

꿈같은 미래 이야기를 너무 그럴 듯하게 이야기해서, 만약 사업이 잘 안 됐으면 영락없이 희대의 사기꾼으로 전락했을 거라는 생각이 들 정도이다. 그러나 가만히 들어보면 인간과 미래의 화두를 정확하게 이해하고, 자신이 하는 일에 분명한 의미와 명분을 가지고 있으며, 열정도 넘친다.

중국의 앞날을 이끌어갈 국가적 영웅인지 아닌지는 몰라도 적어도 마윈은 매우 훌륭한 CEO다. 기업의 대외적 가치를 높이는 데 결정적으로 기여하고 있다. 알리바바는 사실 마윈 덕분에 별도의 광고가 필요 없을 정도이다. 중국인들은 이미 진심으로 그를 사랑하고 그의 회사를 응원하고 있다.

미래 마케팅의 한 축, CEO 마케팅

CEO 마케팅은 미래 마케팅의 큰 화두이기도 하다. 예전 마케팅에서는 'Who'와 'What'에 대한 대답이 중요했다. 큰 차원에서 어떤 사람에게 무엇을 이야기해야 하는지가 정해지면 다음은 적절한 매체나 실무적인 가이드가 나오고 업무는 돌아간다.

하지만 이제는 그것만으로는 어렵다. 대부분의 브랜드가 노리는 타깃이 비슷하기 때문이다. 도시에 거주하면서 소득 수준이 높고, 트렌드에 민감하고 브랜드 관여도가 높으면서 스타일에서 빠지지 않는 사람이 타깃이다. 제품 메시지도 마찬가지다.

언제나 변함없이 하고 싶은 이야기는 '최고의 성능에 최고의 디자인'이다. 그러다 보니 최악의 경우 실제 시장에서 여러 브랜드를 보다 보면 이게 저거 같고 저게 이거 같기도 하다. 심지어는 한 브랜드가 이번 시즌에는 이거였다가 다음 시즌에는 저거처럼 보이기도 한다. 이래서는 곤란하다.

그 대안으로 등장한 것이 'Why'다. 특정 브랜드의 존재 이유는 단순히 정확한 타깃팅과 좋은 제품력이 아니라 "왜 이 사업을 하는지에 대한 비전이나 관점이 달라서"라고 말한다. 그리고 이런 이야기를 전달하는 데 가장 좋은 사람은 CEO다.

굳이 광고라는 형식을 빌지 않아도, 충분한 화젯거리가 될 수 있는 스토리가 있으므로 뉴스 가치가 있는 거다. 지금 같은 디지털 시대에는 모든 정보가 자유롭게 소통되고 개인의 미디어 창구도 많아 마음만 먹으면 자기 PR의 기회가 널려 있다.

하지만 일반적으로 한국 기업의 책임자들은 매우 몸을 사리고 조심한다. 일반인의 영웅 혹은 훌륭한 인물에 대한 기준이 너무 높다 보니, 그에 도달하지 못하리라는 지레짐작으로 그러는 것일까? 본인이 하고 싶은 소신 있는 말이나 행동보다는, 이렇게 하는 게 옳다는 참모진의 조언을 따르고 싶어 한다. 결국 브랜드도 사람을 닮아간다. 한국 브랜드는 대체로 톡톡 튀는 특징이 없고, 누구나 좋아할 만한 공통분모의 브랜드가 많다. 나쁘지는 않지만 굳이 고르고 싶은 매력은 떨어진다.

같은 맥락에서 중국 브랜드는 중국 사람을 닮을 가능성이 많다. 아직은 세계의 스탠다드에 부족하다 여겨서 그 기준을 맞추려 노력하고 남들이 어떻게 하나 눈치도 보지만, 어느 정도 수준에 오르면 아마도 대범하고 도발적으로 자기주장을 하는 브랜드들이 많아질 것 같다. 제품력이 비슷해지면 결국 기가 세고 자기 생각이 있는 브랜드가 더 오래 살아남는다.

우리에겐 아직 시간이 있다. 중국 브랜드들이 제대로 치고 올라오기 전에 우리 브랜드만의 관점이나 인간적인 매력을 빨리 구축해야 한다. 그리고 그 핵심에는 사람이 있다. 멋진 슬로건, 세련된 로고보다 더 중요한 것은 그 슬로건과 로고를 만드는 근간이 되는 남다른 브랜드 관점이고, 이 관점을 만들 수 있는 사람은 회사를 구성하고 있는 임직원들, 그중에서도 CEO일 가능성이 높다.

06

잘못했으면 사과하고,
실수했으면 해명하고,
억울하면 소송하라

유난히 사건 사고가 많은 중국 내 기업들

중국에는 '3.15 소비자의 날'이 있다. 이 날의 하이라이트는 장기간 소비자 제보와 취재를 통해 축적한 정보를 바탕으로 악덕기업을 고발하는 CCTV의 〈3.15 완후이(3.15 晚会)〉 프로그램 방영이다. 여기서 거론된 기업들은 대부분 신뢰도 하락, 매출 급감 등의 큰 타격을 받아왔다. 이에 따라 특히 이름 있는 외국 기업들은 초긴장 상태로 자신의 브랜드가 등장하지 않을까 연초부터 바짝 긴장하고 지켜보는 것이 일반적이다.

2017년에는 중국 브랜드 중에서는 '글로벌 최대 중문 백과 사이트'라고 홍보하는 '후똥바이커(互动百科)'와 의학 검증이 제대로 되지 않은 RGP 렌즈 판매 업체, 돈만 내면 받을 수 있는 산후 조리사 자격증 업체 등이 보도되었다. 외국 브랜드 중에서는 '무인양품'과 '나이키'가 등장했다. 특히 나이키는 코비 한정판으로 고가에 판매되고 있는 나이키 '하이퍼 08 모델 줌 에어' 제품에 에어쿠션이 들어 있다고 광고했으나 실제로 제품을 뜯어보니 이 모델에 줌 에어가 들어 있지 않았다는 것이 밝혀졌다. 공상국에서는 중국 소비자 권익 침해로 나이키에게 487만 위안의 벌금형을 선고하기도 했다.

중국 소비자 입장에서는 국가가 방송을 통해 이런 일들을 해주니 고마울 따름이다. 반면 기업 입장에서는 정말 무서운 위협이라 평소에 신경을 쓰지 않을 수 없다. 이런 식으로 방송을 한번 타고 나면 작은 기업은 기업의 존망에 타격을 받고, 큰 기업의 경우에 해당 제품은 거의 중국 내 판매가 어려우며 기업 신뢰도에 치명적인 피해를 입게 된다.

이런 공식적인 행사 말고도, 특히 식품 안전 관련해서는 수시로 고발 및 사건, 사고가 터지곤 한다. 2005년 KFC에서 수단홍이라는 색소가 발견되어 북경 공상국이 판매 중지한 사건을 필두로, 다음해에는 심지어 수단홍 오리알 사건도 있었다. 다시 2011년에는 만두 색소 사건, 2013년에는 귤 수단홍 사태, 최근에는 공업용 소금과 색소를 사용한 색소 간장 사태까지 등장했다. 물론 의도적으로 나쁜 재료를 넣은 부도덕한 업체의 경우에는 당연히 처벌을 받아야 한다. 하지만 중국의 정치·외교적 이해관계에 따라 해당 기업체의 잘못이 아님에도 불구하고 국적 때문에 억울한 손해를 보는 경우도 적지 않다. 2012년 일본 조어도 사태가 그러했고, 2017년 한국 사드 사태가 그러했다.

중국인이 말하는 좋은 위기해결 사례 2가지

하지만 문제가 생겼을 때 모든 기업들이 치명타를 입는 것은 아니다. 어떻게 처리하느냐에 따라 오히려 더 많은 사랑을 받게 될 수도 있다. 위기가 터졌을 때 적절한 대응을 해서 중국인들에게도 인정받은 기업들의 사례를 살펴보자. 먼저 식재료 관련 문제를 지혜롭게 처리한 맥도날드의 사례이다.

2014년 상해의 후시 식품이라는 회사가 유통기한이 지난 고기를 가공해 맥도날드, KFC 등 브랜드에 납품한 사실이 밝혀졌다. 물론 1차적 책임은 이 회사에 있지만, 그런 고기를 받아 유통시킨 글로벌 회사도 관리 책임에서 자유로울 수는 없었다. 맥도날드나 KFC 등은 중국에 진출한 외국계 식품 브랜드의 대표격이고, 게다가 거리에 나서면 그 매장들이 어디에서나 눈에 띌 정도로 성업 중이었으니 일반 소비자들이 느끼는 분노는 만만치 않았다.

이런 상황에서 맥도날드는 어떻게 했을까? 일단 각 점포마다 즉시 이 사실을 매장 내에서 공식적으로 인정하고 사과하면서 해당 제품의 판매를 중지시켰다. 새로운 '서빙 업' 프로그램을 마련하고, 실제 소비자와 직원들을 등장시킨 진정성 있는 다큐멘터리 스타일의 광고를 내보내 백배 사죄하는 모습을 보였다. 그리고 웹사이트 안에 맥도날드의 식품 안전과 품질 관리 시스템 관련 공간을 만들고 노력한다는 의지를 표현했다.

사실 식재료 문제에 직접적 책임이 있는 것이 아니었고, 진정성 있게 사과하면서 다시는 문제가 생기지 않도록 다양한 후속 프로그램을 만드는 등 발 빠르게 대응하는 모습은 소비자의 얼어붙은 마음을 조금씩 녹일 수 있었다. "사건은 언제든 터질 수 있다. 하지만 그에 대응하는 모습은 일류와 이류가 다르다"라는 속설을 확인할 수 있는 사례였다.

두 번째는 국가 간 분쟁이 발생했을 때 현명하게 대처했다는 평가를 받는 도요타의 사례이다. 사건의 발단은 2012년 9월, 일본 정부가 '조어도'라는 중국 영토의 소유자와 협의 후 약 2억 위안의 돈을 주고 일본의 영토로 국유화하는 계약을 체결한 일이었다. 중국 내 반일 감정을 자극해서 일본 대표 기업인 도요타, 파나소닉, 유니클로 등이 막대한 경제적 손실을 입은 것으로 추정됐다.

도요타 입장에서는 아닌 밤중에 홍두깨가 아닐 수 없었다. 할 말도 많고 억울함도 넘쳤겠지만 그들의 대응은 매우 깔끔했다. 감정을 담지 않고 팩트만 이야기했다. 먼저 '안전 평가 오성급'이라는 광고를 통해 정치 이슈와 상관없는 제품의 본질적 신뢰감을 이야기했다. 나아가서는 죄 없이 욕을 먹고 있는 도요타 차주를 상대로 한 '진정한 관심' 이벤트를 진행하면서 이들에게 실질적인 혜택을 주었다. 그 후에도 담담하게 제품의 품질을 강조한 광고를 통해 흔들리지 않는 신뢰감을 이야기했다.

홍보 역시 중국 공장 건설 등 현지화 진행 상황을 비롯해 C-NCAP에서 별 5개를 받아 안전부문 최우수 차로 선정되었다는 팩트만 전달했다.

해결할 수 없는 감정 문제는 과감하게 잊어버리고, 이야기할 수 있는 본질적인 문제에 집중한 것이다. 결과는 어땠을까? 초반의 격

앙된 감정이 어느 정도 가라앉고 나자 가장 먼저 세일즈가 반등한 것이 어느 업체였을지는 자명해 보인다.

의외로 피해의식이 강한 중국인

2017년 삼성 갤럭시 노트7 배터리 문제가 터졌을 때 주변 중국인들에게 의견을 물어본 적이 있다. 배터리가 터졌다는 사실 자체도 문제였지만, 사실 더 감정적으로 불편함을 야기한 것은 사후 일처리를 하는 태도였다고 넌지시 말했다.

최초 리콜 시 전 세계에서 중국만 제외하고 리콜했다는 것이 가장 큰 문제였다. 물론 삼성의 변은 합리적이었다. 배터리 부품 업체가 달라서 중국 제품은 문제가 없었다는 것이었다. 그러자 왜 중국만 다른 부품 업체를 썼냐고 화를 냈다. 또 하나는 정말 감정적인 문제였는데 미국에서는 매체 지면을 다수 써서 '사과'를 했다고 하는데 왜 중국에서는 사과를 않고 변명만 하느냐는 점이었다. 사과할 이유가 없어서 사과하지 않은 삼성 입장에서는 억울할 수밖에 없었다.

그러나 가만히 생각해 보면 두 가지 불편함의 근본적인 문제는 차별대우였다. "왜 우리만 다른 것을 쓰나? 다른 나라에서는 사과하면서 우리에게는 왜 사과하지 않나?" 결국 이런 생각은 "우리를 무시하나? 우리가 다른 나라 일은 모른다고 생각하나?" 하는 분노로 이어진다. 중국인의 역린, '자존심'을 건드린 것이다.

역사적으로 늘 세계적 강자였던 중국이었다. 중국인이 세계에서 자존심을 굽히고 살았던 시기는 근대로 접어든 약 200년 정도이다. 그리고 지금은 그 굴레를 딛고 막 굴기하려는 순간이다. 그 때문인지 오히려 주변의 태도에 더욱 민감하고 피해의식까지 가지고 있는 것이 아닌가 싶다. 반면에 그들의 자존심을 존중해주고 남에게 하지 않는 특별한 예우를 보내면 반드시 긍정적인 시그널로 화답하는 것이 중국인이다.

결국 관건은 대화의 자세

사람과 사람의 관계와 마찬가지로 기업과 소비자의 관계 역시 꾸준히 말이건 물건이건 서비스가 오고 가는 유동적인 사이다. 좋을 때도 있고 나쁠 때도 있다. 하지만 나쁠 때라고 입을 닫아버리면 아무것도 해결되지 않는다. 입을 열어서 무조건 사정하라는 것이 아니다. 정말로 잘못했다면 솔직하게 인정하고 사과해야 하고, 만약에 실수였다면 정확하게 해명해야 하고, 완전히 억울한 상황이면 재판이라도 걸어서 왜 억울한지 분명히 말을 해야 한다.

그 과정에서 상황과 말이 빚어내는 오해의 악순환 같은 부작용도 있을 수 있다. 하지만 분명한 것은 모든 사람이 다 이해하고 받아주는 거짓말 같은 해결책은 어차피 없다는 점이다. 사후 일 처리 방식에 따라서 결국 싫어할 사람은 싫어하고 이해할 사람은 이해하고 받아들여 줄 것이다.

최근 몇 년간 우리는 중국 시장에서 겪을 수 있는 극한의 나쁜 경우의 수들을 많이 목격했고 직접 경험했다. 1992년 한중 수교 이후, 약간의 불협화음은 있었지만 이번처럼 판이 흔들리는 일은 없었던 것 같다. 중국 시장 진출 후 처음 맞은 위기 상황이었고, 말하자면 '첫 경험'이었다. 많은 '첫 경험'이 그러하듯 처음이 무섭지 두 번째부터는 예측이 가능하다. 예측이 되면 대응 방안도 처음처럼 어렵지는 않다.

지레 무서워하지는 말자는 이야기다. 정치적·국가적 색채를 가급적 빼고, 중국이 우리보다 못하다는 편견이나 선입견 없이 순수하게 제품이나 서비스의 질로 인정받겠다는 다짐을 가지고 다시 시작하자.

　그래도 문제가 생기면 주저앉아서 상황을 원망하지 말고, 이전 사례를 연구해 가면서 해법을 찾아보자. 한국 사람 중에는 이미 중국통도 상당히 많고, 균형감을 가지고 도와주려는 현지인들도 분명히 있다. 그래도 중국만큼 우리에게 친숙한 외국도 없고 이렇게 우리 교포가 많은 국가도 없다.

07
이제는 글로벌 2세대가 나서야 할 시간

우리가 지닌 다양한 글로벌 경험의 자산

작년 말, 용인에서 2주간 삼성 관계사 주재원 귀임 교육이 있었다. 나이지리아 같은 아프리카 국가부터 인도, 태국, 독일, 미국 그리고 중국까지 전 세계 다양한 국가에서 삼성의 이름으로 3년 이상 근무한 사람들이다.

한국 재적응 교육도 받고, 본인의 사례와 경험을 정리해 후배들에게 남기는 시간도 갖는다. 그냥 여행을 하고 온 것이 아니라 현지 사람을 움직여서 비즈니스를 하다가 온 사람들인 만큼, 공유하는 시간에는 갖가지 어려움들과 본인의 성과를 자랑하고 싶은 마음이

봇물처럼 터졌다. 쉬는 시간에도 각자 지냈던 나라에 대한 뒷담화가 만발한다.

"중국은 말이야…. 독일은 그래? 인도는 안 그렇거든. 절차대로 해서는 일이 안 돼. 그런데 절차대로 하지 않아도 일이 안 돼."

좀 더 이야기하다 보면 다양한 인종, 민족에 대한 견해들이 난무한다. 그 나라 애들은 머리는 좋은데 너무 잔머리를 굴려서 믿을 수가 없다는 둥, 노는 거 너무 좋아해서 도대체 일할 생각을 안 한다는 등등의 이야기들이다.

주재원들 사이에 기피 대상 1호인 모 지역은 농담의 대상이 되기도 한다. "거기는 아프리카보다 못하다며? 그나마 아프리카는 공기라도 좋지. 현지 직원들은 맨날 뒷돈 챙기려고 기회만 노리지, 음식 안 좋지, 공기 안 좋지, 도대체 하나라도 맘에 드는 게 없어."

어쨌거나 공통적으로 하는 이야기는 이제 한국 조직의 경쟁력이나 시스템이 나쁘지 않은 수준에 이르렀다는 것이다. 서구 선진국에서도 한국이나 한국인을 무시하지 못한다는 이야기도 함께 말이다.

좀 떨어져서 이야기를 듣다 보면 감개가 무량하다. 우리나라 사람들이 과연 역사상 언제 이런 이야기를 주고받았던 때가 있었을까? 언제 우리가 세계의 여러 나라들을 근무 환경 따지고 민족 따져가며, 책을 통한 간접 경험이 아니라 본인이 직접 경험한 이야기로 품평회를 열었던 적이 있었을까. 생각할수록 놀라운 일이다. 최근 10년간 우리나라의 기업들도 몇 개의 제조업 브랜드 사례를 통해 글로벌 시장이 돈이 된다는 가능성을 충분히 맛보았다. 또한 "잘하면 된다", "불가능하지 않다"는 자신감도 생겼다.

고기도 먹던 사람이 잘 먹고, 일등도 해본 사람이 잘 할 수 있다. 어렵게 쌓아온 한국 제품과 한국 브랜드에 대한 인지도와 신뢰도를 기반으로, 이제 더 적극적으로 더 많은 브랜드들이 새롭게 도전해서 더 많은 성공사례를 만들어야 할 시간이다.

한국 글로벌 2세대의 어드밴티지

1990년대 후반부터 2000년대까지 맨땅에 헤딩하는 정신으로 전 세계를 누볐던 한국의 글로벌 1세대는 공장, 유통과 영업 현장에서 밤낮을 가리지 않고 몸을 아끼지 않는 열정과 승부 근성으로 일했다. 특히 유통과 영업 현장에서 소위 '반기문 잉글리시(유창하지는 않지만 정확한 문법과 쉬운 단어로 하는 적절한 수준의 의사소통)'로 무장하고, 현지인들을 상대로 무조건 비즈니스를 끌어냈던, 말하자면 '개척기 전위부대'들의 활약이 눈부셨다. 그때는 혁신과 앞서가는 기술력에 기반을 둔 제품이 가장 확실하게 믿을 수 있고, 글로벌 시장을 설득할 수 있는 포인트였다.

이제 글로벌 2세대는 비슷한 듯 다르다. 여전히 맨땅에 헤딩해야 하고 승부 근성도 여전히 유효하다. 그러나 안으로 가진 것들이 조금 더 풍부하다. 꼭 앞서가는 기술력이 아니더라도 팔 수 있는 경험과 콘텐츠들이 훨씬 더 많아졌다.

언젠가 중국에서 신제품 요구르트가 나와서 마케팅 전략을 의뢰하기 위해 우리 회사를 부른 적이 있다. 중국은 요구르트 시장이 아직 초기 단계다. 우리가 한국에서 흔히 '야쿠르트'라고 부르는 마시는 형태의 '맑은 요구르트' 제품밖에 없다. 반면 한국은 걸쭉한 요구르트, 떠먹는 요구르트 등 시장이 매우 세분화되어 있고, 이미 검증된 몇 가지 성공 사례를 가지고 있었다. 이 사례는 중국에서도 충분히 적용할 만한 것이었다.

"즐거운 쾌변을 부른다"라고 정확하게 효능을 찍는 것도 시장 형성이 가능하고, "위 속 세균 ○○균에 좋다"는 성분 마케팅도 가능하며, '유럽 장수 국가 이름'을 따서 하는 마케팅도 유효할 수 있다.

서양 시장과는 다른 동양 시장에서 동양인들이 공감하는 맥락이 있다. 이런 한국의 사례를 많이 알고 있는 우리가 중국 대행사보다는 유리했다. 매 제품마다 공개경쟁 비딩을 시키는 그 업체의 공식 풀에 들어갔고, 몇 번의 노력 끝에 실제 업무를 따내서 진행하기도 했다.

인스턴트라면 시장에서도 프리미엄 라면, 하얀색 라면, 생면 등등 신제품을 시도해본 사례들은 차고 넘친다. 유아용 비스킷 시장도 우리는 이미 성숙 단계를 지나고 있으며 다양한 사례들이 있다. 식품 시장 외에 화장품 시장, 패션 시장, 소형 주방가전 시장도 있다. 그리고 중국 외에도 우리의 사례를 응용할 만한 아시아권 국가들이 많이 있다.

유사성을 발견해야 돈이 된다

중국에서 마케팅 일을 하는 사람들을 단순화해서 분류하면 한국 국내 마케팅만 하다가 중국에 온 사람과 글로벌 마케팅을 하다가 중국에 온 사람으로 나눌 수 있다. 다 그런 것은 아니지만, 한국만 경험한 사람은 주로 한국과의 차이에 민감하다. 한국보다 커서, 한국보다 다양해서, 한국보다 어떠어떠해서 다르다고 생각한다.

글로벌 마케팅을 하던 사람은 한국과의 유사성에 더 놀란다. 입맛도 생각보다 비슷하고, 취향도 통하는 부분이 많고, 가족 관계에 대한 생각도 비슷하다고 느낀다. 실제 마케팅에서 유리한 사람은 결국 유사성을 발견하는 쪽이 아닐까 한다.

차이와 특수성보다는 유사점과 보편성을 발견해야 돈을 번다는 이야기다. 내가 좋아하는 것을 이들도 좋아할 것이라는 전제가 서야 자신감을 가지고 마케팅을 할 수 있다. 세상에 정답은 없다. 내 판단에 대한 믿음이 있어야 뭐라도 팔지 않겠나. 이전에 믿을 구석이 '확실한 제품력'이라면 이제 믿을 구석은 내 감수성이 여기서도 통할 것이라는 '확고한 취향력'이다.

중국에서 우리나라 분식으로 큰 성공을 거둔 '장상한품' 사례를 최근에 봤다. 2008년에 시작해서 중국 내 매장만 30여 개를 열고 연 매출 100억 원을 벌고 있다고 한다. 대표 손하나 씨의 인터뷰 내용 중에 와닿았던 것은, 한 중국인 손님이 떡볶이를 먹어보고 "맛이 좀 짜다"고 하는데, 본인이 직접 먹어보고 "나는 안 짠데?"라고 말했다는 부분이었다.

본인이 만족하고 먹을 수 있으면 파는 거다. 정말로 짜서 못 먹을 정도면 그 사람은 알아서 안 올 것이다. 우리 맛을 좋아하는 사람

•
삼성 연수원 전경. 글로벌 교육이 많았다. 가을이면
특히 경치가 아름다웠다.

••
장상한품 매장. 핑크핑크한 한국인 친구 집에서
분식을 해먹는 느낌이다. (사진 출처: 바이두)

만 와도 중국에서 시장은 충분하다.

물론 이렇게 자신 있게 나갈 수 있는 것은, 한국 사람이라면 어린 시절부터 너무나 익숙하게 먹어온 맛이고 적어도 몇 십 가지, 많게는 몇 백 가지 떡볶이를 직접 먹어본 경험이 있기 때문에 가능한 것이다. 수많은 경험에 근거해 이것이 내가 좋아하는 맛, 나누고 싶은 맛이니 이것을 좋아하는 사람들은 오라는 자신감, 멋지지 않은가.

또 하나 눈에 띄었던 것은 '비벼주는 제육덮밥'이나 '일요일에 먹는 짜장 라면'처럼 스토리텔링이 가능한 메뉴 네이밍이었다. 이것 역시 한국인에게는 낯설지 않은 전략이다. 한국 유명 브랜드에서 10여 년 전에 한창 재미를 봤던 접근법이다. 듣고 본 것이 있으니 이렇게 응용도 가능한 거다.

우리의 기획과 취향은 이미 상당히 괜찮다. 그러니 이제 자신감을 가지고 힘차게 나가볼 시점이다.

방탄소년단 팬들의 지적질이 반가운 이유

방탄소년단이 빌보드 뮤직 어워즈 '톱 소셜 아티스트상'을 2회 연속 수상했다. 그 사실만으로도 깜짝 놀랄 일인데, 의외로 언론에서는 그다지 호들갑을 떨지 않았다. 낯간지러운 한류 찬사가 아니라 그냥 담백하게 그들의 음악성에 대해 조명하는 태도가 나름 성숙해 보였다.

오히려 놀라운 것은 팬들의 지적질이었다. 그들이 실제로 무대에서 공연을 벌일 때, 아이돌 그룹의 화려한 동작과 군무에 익숙지 않은 미국 카메라맨들이 제대로 상황을 잘 찍지 못했다는 거다.

아이돌 그룹의 화려한 춤 스킬의 진화와 함께 발전한 우리 카메라맨들의 역량이 거꾸로 조명 받는 계기가 됐다는 이야기다. 더불어 그걸 평가하고 지적할 만큼 우리나라 젊은 세대들의 눈이 높아졌다는 이야기이기도 하다. 흐뭇하고 즐거운 일이 아닐 수 없다. 한류가 질적으로 수준이 높아져서 생겨나는 동반상승 효과가 이것만은 아닐 것이다.

현재를 살아가는 청년들이 우리나라 안에서 88만원 세대니 엔포 세대니 하고 자꾸 기죽지 말고, 글로벌에서 앞서가는 취향을 인정받는 한국 발 밀레니얼, 제너레이션 Z세대로 거듭나기를 기원한다.

중국에서의 시도와 경험을 바탕으로
더 넓은 시장을 바라보며

5년 만에 본사에 돌아오면서, 과연 내 자리가 남아 있을까 걱정이 됐다. 그 사이 글로벌에 대한 감은 떨어져 회복에 시간이 걸릴 듯했고, 정작 경험을 쌓은 중국 시장에는 당분간 의욕적으로 진출하려는 기업이 별반 없을 것 같았다. 떠날 때 기대했던 금의환향은 아닐지라도, 패잔병을 대하는 듯한 본사 사람들의 표정을 보니 마음이 답답했다.

그런데 일단 회사에 앉아 있으면 일은 생긴다고, 신기하게도 돌아오자마자 기다렸다는 듯이 베트남 관련 프로젝트가 연달아 몇 건 생겼다. 풍선 효과라고 할까. 어쨌거나 한국 시장만으로 먹고 살 수는 없는 우리 기업들이 중국 이외의 시장을 찾으면서 동남아, 그중에서도 최근 성장이 두드러진 베트남 시장에 진출하는 행보들이 많아진 것이다.

사실 베트남은 이번에 처음 가봤다. 하지만 묘한 친밀감 내지는 기시감이 드는 이유는 뭘까? 내가 기억하는 한국의 한때, 중국의 한때를 잘라 놓은 듯, 이제 막 성장하는 시장 특유의 활기가 느껴졌고 거리 곳곳에는 건설의 열기가 뜨거웠다. 한국과 한국 기업에 대한 친근감, 한류에 대한 호감이 있는 것도 호재로 느껴졌다.

출장 가서 만난 현지 사람들도 내가 한국 출신에 중국에서 일했다고 하면 한층 신뢰하는 분위기였고, 그곳에서의 사례와 경험을 듣고 싶어 했다. 어차피 베트남 시장과 소비자도 중국과 비슷하게 발전할 것이라는 예상을 넘어선 확신을 하면서 말이다.

베트남은 수치 트렌드만 보면 몇 년 전 중국 시장과 매우 비슷하다. 6%대를 넘나드는 높은 경제성장율, 2020년에는 중산층 비중이 50%에 이를 거라는 장밋빛 전망, 여성 중 80%가 결혼 후에도 계속 일을 하고 경제권이 매우 강하다는 특징, 이제 최저가 제품보다는 가성비가 높은 질 좋은 제품을 찾는 경향, 음식의 위생 안전에 신경 쓰기 시작했다는 점 등등. 현지 소비자 조사에 참석해 지근거리에서 본 베트남 여성들은 품질, 가성비, 감성 어느 것 하나 놓치지 않으려는 중국 여성들과 비슷하게, 활달하고 에너지가 넘쳐 보였다. 아이들 영양에 대한 관심과 교육에 대한 높은 열기도 동양권의 일반적 특징과 맞닿아 있는 듯했다.

만만하게 볼 시장이 아니라는 것도 비슷했다. 대부분의 소비 영역에서 글로벌 브랜드들이 최근 몇 년간 집중적인 투자를 통해 유통 및 소비자 인식 속에 강하게 자리 잡았고, 아직 중국처럼 강력한 로컬 브랜드는 없었지만, 인도네시아 등 동남아계 대기업 브랜드가 오랜 시간 친숙하게 자리 잡고 있는 상황이다. 무주공산은 아닌 셈이다.

비슷한 점이 많아 베트남을 '제2의 중국'이라고 말은 하지만 규모와 질적인 면에서 차이는 엄연히 존재한다. 일인당 국민소득의 경우, 성장율은 높지만 아직 3천 달러 수준이다. 따라서 고가품, 프리미엄 시장은 중국과 비교가 되지 않게 작다. 한국의 눈높이에서, 중국의 눈높이에서 쉽게 예단할 수도 없는 셈이다. 대략의 추세와 트렌드는 비슷하게 예측하되, 구체적인 마케팅 전략은 결국 또 그 사회의 맥락에 맞게 재구성해야 한다는 이야기다.

어쨌든 베트남을 비롯한 아시아 시장은 가능성이 크다. 한국이라는 국가 브랜드가 유효하고, 한국의 기술 브랜드들도 힘이 있을 때 조금 더 현지인의 감성과 취향에 밀착해서 단단하게 자리를 잡아나가는 브랜드들이 많이 생겼으면 한다.

제2의 중국이라는 말은 사실 조심스럽다. 지금으로선 딱히 성공을 담보하는 말이 아니기 때문이다. 하지만 중국에서 분투한 많은 기업들의 경험이 모범 사례 내지는 반면교사로 작용해 중국에서건 다른 나라에서건 성공적인 제2의 중국 사례가 만들어진다면, 우리의 경제 사정도 나아지고 '중국'에서의 아픈 기억도 조금은 치유되지 않을까.